外国人と共生するニッポンへ

後藤裕幸　著

カナリアコミュニケーションズ

はじめに

突然ですが、質問です。

東京・新宿区で、成人する人のうちの外国人比率はどれくらいでしょうか？

答えは約45％です。

２０１９年１月の新成人のうち、外国人が約45％を占めるのが新宿区で、豊島区が約39％、荒川区が約28％、台東区が約27％、中野区が約26％でした。

つまり、荒川区、台東区、中野区は４人に１人以上、豊島区は５人に２人、新宿に関しては約半数が外国人というわけです。

今、日本に住む外国人が急速に増えています。みなさんも普段の生活の中で、このことを実感することも多いのではないでしょうか。

都内のコンビニなら、外国人スタッフがレジを打っているのは当たり前になりました。飲食店では当たり前のように多くの外国人スタッフが働いています。都内以外でも都市部では多くの外国人がサービス業を中心に働いています。留学生や就労者、観光客などの増加により、外国人が我々にとって身近な存在になってきているのが実感できるかと思います。

近年、世界における日本の相対的な地位の低下が叫ばれています。経済も政治も技術も、かつてほどの輝きを放ってはいません。

それでも、日本はアジアの中ではまだまだ豊かな国です。アジアの若者たちの多くが日本に憧れ、日本に行きたいと思っています。日本に留学したい。日本で働きたい。そんな若者がアジアには数多くいるのです。みなさんが毎日のように目にするコンビニや飲食店の外国人の大半は、留学生です。働きながら学校に通っています。

アジアの人たちが憧れて、遂にやって来た日本。ここは、果たして彼らにとって暮らしやすい国でしょうか?

残念ながら、決してそんなことはありません。

私は、2006年に外国人専門の家賃保証会社「グローバルトラストネットワークス（GTN）」を立ち上げました。今では不動産の賃貸仲介からモバイル事業、人材サービス、クレジットカードの提供など、外国人専門のサービスを幅広く手がけています。

日々、多くの外国人と接する中で痛感しているのは、日本は必ずしも外国人にとって住みやすい国ではないということです。部屋を借りるにしても、携帯電話を使うにしても、外国人にとってはひと苦労。日本独特のルールや慣習という壁が立ちふさがっています。

一方で、日本の社会も深刻な課題を抱えています。

それは「少子高齢化」です。

日本は、少子化に伴い、人口減少時代に突入しました。

年代にバラつきなく人口が減っていくなら、それほど大きな問題はないでしょう。

日本より人口が少ない先進国も数多くあります。

危機的なのは、人口構成です。

少子化に伴って若い人たちが激減する一方で、高齢者の割合が増えていきます。

労働力の減少は、すでに人手不足として顕在化し始めました。

このまま、日本人労働者だけでこの構造を支えるのはまず不可能です。社会自体の活力も急速に失われていきます。

今後、外国人の力なしには社会を支えられない時代がやって来るのです。

日本を目指す外国人。

外国人を必要とする日本社会。

お互いがもっといい関係を築いていくにはどうしたらいいのでしょうか。

『外国人と共生する日本を創る』ために、私たちに何ができるのか？

この本がそのきっかけになれば幸いです。

目次

第2章 第三の開国の時代が到来した!

第3章 外国人なしに、高齢化社会を支えられない

第4章　ガラパゴス化した住みにくい日本

第5章 これからの日本に必要なこと

第6章　アジアからアセアン、さらにその先へ広がる出身地
～国別の来日事情

第7章　GTNの今後の取り組み

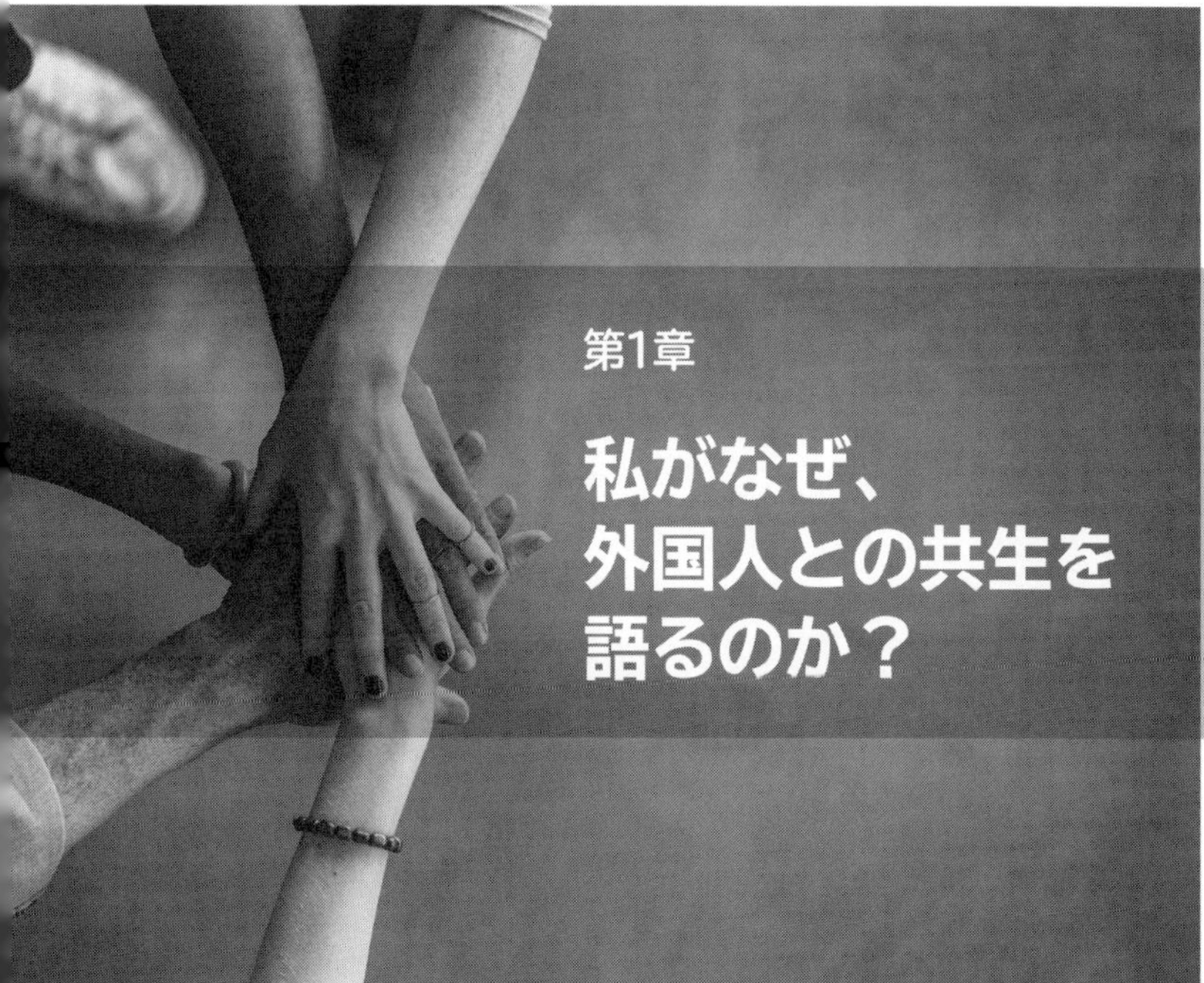

第1章

私がなぜ、外国人との共生を語るのか？

私がなぜ、外国人との共生を語るのか？

私が経営するグローバルトラストネットワークス（GTN）は、日本に暮らす外国人のためのサービスを専門とする会社です。

とはいえ、私自身は英語が得意なわけではありません。むしろ苦手です。ましてや海外留学経験があるわけでもありません。

そんな私がなぜ、外国人向けのサービスを行う会社を始めたのか。ここではそれについて少しご説明します。

1年間で外出はたった3回の引きこもり時代

私の生まれは熊本県です。

小学4年から野球を始めて、中学で野球部に入りました。そこそこ上手だったので、当時はプロ野球選手を目指していました。今振り返ればお恥ずかしいレベルですが。

あるお笑い芸人の曲に「マジでヤンキーがもてる」という歌詞があります。私の地元もまさにその通りで、通っていた中学校は荒れていました。

ただ、私は不良グループに所属しつつも、オタクと呼ばれるグループやお笑いグループとも仲のよい珍しいタイプでした。どんな人ともあまり壁をつくらずに関係を築くというのは、今の外国人に対する姿勢に通じているのかもしれません。

進学した高校は野球の強豪校でしたので、野球部に入って「甲子園を目指そう」と思っていました。が、高校入学までの春休みにギターにはまってしまい、高校入学後は野球よりバンド活動をしたいと思うようになりました。とはいえ、せっかくの高校生活、何かスポーツもやりたいと考え、浮かんだのが軟式テニスでした。

もともと野球で鍛えられているので、体力にも運動神経にも自信があります。テニス部に入れば、すぐにでも全国大会に行けるのではないかと軽い気持ちで入部しました。ところが現実は、そんなに甘くありませんでした。入ってみると真っ黒に日に焼けた生徒達が激しい練習をしていました。やるからには負けたくない。結局部活にのめり込み、勉強は疎かに。

私が通っていたのは大学付属の私立高校。エスカレータ式で大学に進学できるはずでした。ところが、私は試験に落ちてしまったのです。英語1科目だけの試験でしたが、私は英語が大の苦手。「俺はどうせ一生日本で生きていくから英語なんていらないんだ」と本気で思っていました。まさかこんな仕事をするようになるなら、もっと真面目に勉強しておけばよかったと、今は後悔しています。

付属校だったのに、まさかの浪人生活に突入です。さらに、そこから地元の荒れたグループのトラブルに巻き込まれ、予備校に行かなくなったのもあり、1浪目ではどこも受からず、浪人生活は2浪目に突入しました。

また、トラブルの件もあって、そのころには完全に引きこもり状態。家を出たのは、1年間で3回。髪の毛はどんどん伸びて腰くらいまでの長さになりました。

死ぬ覚悟で行ける所まで行こう

その当時のトラブルとはひどいものでした。詳細については差し控えますが、本当に容赦がないのです。

命の危険を感じて、外に出ることすらかなわない状況でした。これを打破するには何をすべきか？　真剣に考えました。

自殺？　しかし自殺をしても社会は変わらない。当時、年間3万人以上の人が自殺をしていたので、ざっと1日100人。私の自殺なんて誰も気にもとめないことでしょう。

自分がこの地球上に生まれた意味って何だろう？

身体的な生命には限りがあります。しかし、精神的な生命は永遠です。アインシュタインもリンカーンもキング牧師も、肉体は死んでも精神は生きています。

今、私が死んだら、誰も知らない。それなら、ここを脱出して死ぬ覚悟で行ける所まで行ってやろう。死ぬのはいつでもできるので、何も恐れずやってみようと思いました。

引きこもっていた私が掲げた目標は2つ。


1つは「1万人のパパ計画」です。

引きこもっている間、予備校の授業を衛星放送で受けていたのもあり、さまざまな衛星放送番組を見るようになっていました。

その影響で、自分が置かれている小さな世界から視野が一気に広がり、世界情勢にも興味を持つようになりました。「日本の社会にはこんな構造的なひずみがあるんだ」「世の中にはこんなに不幸な人たちがいるんだ」とニュース番組や情報番組で知るようになったのです。

自分にもっと力があれば、貧しい国の多くの人を救えます。

1万人の孤児のパパになれば、この世の中も少しは良くなるのではと考えたのでした。


もう1つが総理大臣になること。

当時、市民派弁護士として活躍していた中坊公平さんがとても格好良く見えました。弁護士という仕事に対して、法廷でバッタバッタと悪をやっつけるイメージを抱いたのです。そこで東京の大学に進んで弁護士になり、政治家になり、総理大臣になり、外交も教育も変えてやろうと志しました。

2浪の末、中央大学に行くことになり、東京に出てきました。

弁護士を目指している場合じゃない！

私は高い志と覚悟を持って中央大学のキャンパスに足を踏み入れました。ところがまわりの新入生は「サークルはどこにする」「彼女ができた」といった話で浮わついているわけです。漠然と目指していた弁護士という仕事も、私がイメージしていた正義を追求するだけではないことがわかりました。依頼されれば、罪を犯した人も弁護しなければならない。私には無理だと思いました。

それに、大学には、私が10時間かけて勉強したことを1～2時間で吸収してしまうような優秀な学生が沢山いました。実力差をまざまざと見せつけられたのです。

司法試験は当時、今よりも狭き門でした。中には、5年も10年も司法浪人をしている人もいました。しかし、世の中は動いています。当時、26歳で株式上場したサイバーエージェントの藤田晋さんや破竹の勢いだったライブドアのホリエモン（堀江貴文さん）を見ていたら、「おいおい、もう自分も、彼らとかなり年が近いんだ」と衝撃を受けたのと同時に、焦りを感じました。

弁護士になる夢への関心も次第に薄れていきました。

引きこもり時代に興味を持ったもう1つの分野が株式でした。

毎日家にいて暇だった私は新聞もよく読んでいました。そのうち読む所がなくなり、株式の欄まで目が行くようになったのです。Aという会社に投資していたら数か月で80万円が300万円になることに気づきました。そういった会社が沢山ありました。すぐにでも始めたかったのですが、そこは浪人生という立場上、じっと我慢をしていました。そして大学に入学してからすぐに株取引を開始しました。当時はガラケーだったので、iモードでの取引です。

すると「何やっているの?」「教えて、教えて」と人が集まり始めたのです。そこで株を勉強するサークルを立ち上げました。名づけて「株マシーン」。当時、流行っていたモーニング娘。の『LOVEマシーン』という曲にちなんだ名です。それが大学1年の12月のことです。

大学2年になるとメンバーが50名程度に膨らみました。

大学で刺激を受けるのは外国人

ある韓国人留学生がこの「株マシーン」に入ってきました。彼は勉強熱心で、頭がいい。彼は大学4年生で6歳も年上でしたが、田舎から出てきて外国人に興味津々だった私はすぐに親しくなりました。

彼のほかにも、韓国人や中国人の留学生からいろいろ話を聞いて刺激を受けました。日本人の学生から学ぶのは、バイトと合コン、それに「就職どうする?」くらい。外国人留学生は社会情勢について真剣に考えていました。話が盛り上がります。やっと刺激を受けるメンバーと出会ったと思ったら、それがたまたま外国人だったのです。

その留学生たちと一緒に大学2年生のときに起業しました。韓国が最先端を走っていたオンラインゲームに着目して、オンラインゲームサイトやファッションサイトを運営する会社です。ところが、なかなか収益が上がりませんでした。

あるとき、マーケティングリサーチ会社の会長さんから急に携帯に連絡が入りました。その内容は「中国のリチウム電池の会社を調査してくれないか」というものでした。

依頼元は、リチウム電池では世界ナンバーワンの家電メーカーでした。しかし、そのマーケティングリサーチ会社には手に負えず、調査用紙を埋められなかったようです。それで、留学生のネットワークがある私の所にお鉢が回ってきたらしいのです。

そんな事情を知らなかった私たちは、調査用紙を8割くらい埋めて「すみません。2割は埋まりませんでした」と謝りました。すると、先方は「君たちが埋めたのか!?」と驚きました。といっても、特別なことをしたわけではありません。私は、留学生のネットワークを使って、現地で調べてもらったことをまとめたのです。日本に来る留学生はエリートが多いので、彼らの現地での人脈が大いに役に立ちました。その後、中国の携帯電話市場のレポートをまとめたところ、多くの引き合いがありました。

また、まだ日本では無名だったサムスン電子のレポートも発表しました。サムスン電子は、2004年の当時、急速に成長をしており、彼らに関するレポートは、大手の企業から注文が相次ぎました。その時に、誰も目をつけていない市場に特化することの重要さに気がついたのです。そして、この仕事のターゲットを韓国の、それもコンサルティング業務に絞ることに決めました。すると、次々に日本の大手企業からの仕事の依頼が来るようになったのです。


そんなとき、大手コーヒーチェーンの韓国進出のための調査の話が舞い込みました。これは約20社でのコンペでしたが、私たちの会社は名だたる大手コンサルティングファームに勝って、この案件を受注しました。

当時、インターネットのリスティング広告で「韓国市場調査」といったキーワードでは、ほとんど競合しませんでした。そのため大手を含めて企業からの仕事がどんどん舞い込んできたのです。

しかし、私は韓国人ではありません。韓国語が話せるわけでもない。韓国に住んだこともありません。正直、韓国のことをそんなに知りませんでした。

その当時の会社は私が社長ですが、一番年下で、唯一の日本人。まわりは私より年上で、30代、40代のエリートと呼ばれる外国人がほとんどでした。みんな自己主張が強く、簡単にガバナンスが利くわけがありません。そのときに、自分の意見を主張しないと相手にもされないということを学びました。

その後、いろいろな事情があって会社は、売却しました。

それで「このままでは終われない。さあ、次は何やろうか」と考えたのです。28才になったばかりのときのことです。

気づけば20人近い外国人の保証人に

当時、私のまわりは外国人だらけ。部屋を借りるときの保証人をよく依頼されたものです。お金を借りるときの保証人になるのは嫌でしたが、本人は困っているのだし、「後藤君なら引き受けてくれるだろう」と言われてしまうと無碍にもできず、、保証人を引き受けていました。そのうち、私は「保証人を引き受けてくれる人」という頼りにされる存在になっていたのです。

正確には数えていませんが、20人近い外国人の保証人になりました。不動産売買の緊急連絡先なども頼まれました。

確かに日本のルールでは多くの場合、部屋を借りるにもお金を借りるにも、何かと保証人を求められます。

ところが日本人は日本人で「気安く保証人だけはなるな」という意識が強い。

外国人は日本に親も親戚もいないので、保証人になってもらえる人がいません。かといって日本人の知人にもなかなか引き受けてもらえない。この点は、外国人からするとすごく不便です。

私は熊本から出てきて部屋を借りたとき、親に保証人になってもらいました。日本人なら私と同じように親に保証人になってもらうのが一般的です。

私には日本に親がいますが、外国人は日本に親はいないのです。

「それなら、外国人の親代わりになれるような会社をつくろう」

そう考えたのが、GTNの出発点です。外国人専門の家賃保証サービスを始めることにし、社名には「世界を相手に信頼を商品にする」という決意を込めました。その想いを込め、GTN（＝グローバルトラストネットワークス）と命名しました。2006年7月のことです。

2050年まで成長が約束された市場

当時、日本人の間でも家賃保証ビジネスが盛り上がり始めていました。これは、保証会社が保証人代わりになるというサービス。一定の保証料を払えば、保証人なしで部屋を借りられるというものです。

それでは外国人は借りやすくなったのでしょうか。そんなことはありませんでした。不動産のオーナーさんや管理会社に「なぜ外国人を受け入れないんですか？」と聞くと、返ってくる答えは「部屋を汚くされる」「ごみ出しができない」。「Aさんに貸したのに、いつの間にかBさんが住んでた」さらには「パーティをしてうるさい」、1人で住んでいるはずが、3～4人で住んでいることが発覚するケースもありました。「貸した部屋がマッサージ店になっていた」といった噂話まで広がっていくわけです。

こうした話を聞いていて、私は気がつきました。

外国人に部屋を貸したくない最大の理由は、お金ではないということに。お金よりも、圧倒的に生活トラブルへの不安が大きかったのです。

オーナーさんのこうした不安を解消しない限り、外国人が部屋を貸りやすくならないとわかったのです。

そのころ成長していた家賃保証会社は、外国人をフォローする機能を果たしていませんでした。外国人とひと口に言っても、欧米人もいれば東南アジアの人もいて、中国人や韓国人もいる。言語も生活習慣も多様です。日本人向けに家賃保証サービスを始めることができても、外国人向けとなると、「英語、しゃべれるんだっけ?」「中国語はどうする?」という話になります。外国人に対応するには新たに人材を足さなければなりません。しかも、外国人向けの家賃保証マーケットは小さい。

ニッチで、かつ多様がある。

これはビジネスで一番難しいパターンです。

ただ、私が確信していたのは、外国人向けの市場は伸び続けるということ。その当時ある日本の大学教授は2050年までに1000万人以上、またスイスのある会議では2000万人以上の外国人を受け入れないと日本社会は成り立たないと試算していました。ということは、今はニッチですが、2050年まで成長が約束された市場だということなのです。外国人に囲まれて仕事をしてきて、自分がやらねばという使命感もありました。

衣食住の衣食は現金商売です。お金を払えば、誰でも買えます。ところが住だけが信用商売。お金があっても信用がなければ部屋を借りられません。

日本人向けの信用情報機関はあります。信用情報機関により情報が共有されているため、A社のクレジットカードで返済が滞っていれば、B社のクレジットカードに申し込んでも審査が下りません。逆に何事もなければ信用に足る人物ということになります。

しかし、外国人向けの信用情報機関はまだありません。住には信用が必要といわれても、その根拠となるものが何もない。そこをGTNが埋めていこうと思ったのです。

3か月で成約はたった1件

GTNの設立を準備しているとき、不動産会社を回って「外国人向けの家賃保証サービスをつくりたい」とプレゼンして回りました。そのときの不動産会社の反応は、どの人も「いいね。社会性がある。それはすごくマーケット的に必要なサービスだね」と好意的なものでした。サービスは必要だと確信もしました。

そしてこれまでお世話になった人たちにも、このサービスについて説明をしたところ、二つ返事で出資を引き受けてくれました。

ところが、いざサービスを立ち上げて走り回ったら、誰も使ってくれなかったのです。「前におっしゃっていましたよね。いいサービスだって。いよいよつくりました」と言ったら、みんな「うーん」と口ごもってしまいました。「いやあ、まだ実績がないからね」とも言われました。

東京の東の江戸川区から西の多摩地区まで、いろいろな不動産会社を回りました。ところが全然ダメ。やっと使ってくれたのが、埼玉の不動産会社。スタート3か月で1件です。家賃9万円の物件で、家賃保証の売上げが4万5000円でした。

みるみるこれまでためておいた資金がなくなっていきました。このままではいけない。これでは会社はつぶれてしまう。そこでやり方を変えることにしました。信用がなくて使ってもらえないのなら、逆に言うと信用のいらない方法は何かないだろうか、と。

ボッタクられていた外国人

外国人を受け入れてもよいという不動産会社はありました。が、そこに外国人は来ないのです。そこで、お客ごと連れていくことにしたのです。実績をつくりつつ、自分たちが仲介した物件に対して「実は私たちは保証会社なんです。外国人の保証をうちにやらせてください」と売り込んだわけです。「何かトラブルがあれば、私たちが飛んで行きます」「もし入居者がお金を滞納したらうちが代わりに払います」と、オーナーさんや管理会社を説得して回りました。

ＧＴＮのお客様はさまざまです。日本語学校の生徒も大学生も社会人もいました。来日したばかりの人もいれば、何年か住んでいる人もいました。

共通しているのは、みんな部屋探しに苦労していたこと。10件くらい断られてうちに来た、という話はザラでした。

私の中国人の知人で、ガソリンスタンドを50軒ぐらい経営している男性の息子がいます。お金持ちですが、そのころ、その人が借りられた物件は超ボロ家。日本人ならまず借りないような物件でした。しかも、外国人だからと家賃を少し上乗せされていたのです。

「あなたのところに物件を貸してもいいけど、何割乗っけていいの？」

「外国人なんか入れたら物件の価値が下がるから」

当時はそんな風によく言われたものです。

一部の外国人には長く住んでいる外国人が不動産を借りて、あとから来た同じ国の人に転貸するというのも横行していました。例えば、自分が6万円で借りた物件を8万円で外国人に貸したり、二段ベッドを入れてドミトリーとして高い家賃を取る人もいました。

外国人が部屋を借りにくい現状につけ込んで、市場は悪い方に進んでいたのです。

外国人専門なのに、断られつづける悔しさ

悔しかったのは、外国人専門とうたっているはずなのに、オーナーさんや管理会社から断られること。これは屈辱的でした。

それはどういうことか。

GTNのお店に来た外国人のお客様に、部屋を紹介します。お客様が「この物件がいいです」と言うと、すぐに不動産会社に電話して、「この物件の確認をお願いします」と問い合わせます。「空いてますか?」「空いてますよ」となって、最後に「外国の方なんですけどよろしいですか?」と聞くと、「ああ、外国人は難しい」「外国人はごめんなさい」となるのです。

ひどいときには20回、30回と断られ続けました。

外国人のお客様は、自分が住みたい物件を選んでも、ことごとく断られていくわけです。

「何だよ。外国人専門って言いながら、外国人が住める物件を持ってないじゃないか」。

そんな風にお客様に直接言われたこともありました。

これでは外国人専門ではなく、単に外国人のために一生懸命やっている不動産屋というだ

けです。

マーケットが吹き飛んだ3・11

保証ビジネスが軌道に乗りはじめたのは、設立4年目ぐらいからでした。大きな後押しになったのは、大手の不動産会社がGTNの外国人専門の家賃保証を使ってくれるようになったことです。そして、ありがたいことに、少しずつ「外国人の保証ならGTN」と名前が広がっていきました。

利益が出るようになって5年目、スタッフを増員し、事業を拡大しようとしていた矢先のことです。

2011年3月11日、東日本大震災が起きたのです。

そのころになると毎日30件以上の依頼が舞い込んでいました。ところが3月14日はそれが2件に激減したのです。福島第一原子力発電所の爆発とともに、外国人の賃貸マーケットも大打撃を受けました。

住んでいた外国人はいなくなり、新しく借りに来る外国人もいない。申し込みが激減しました。一時的には10分の1くらいまで減ったでしょうか。

そこからの再出発でした。

1人でも多くの外国人を救いたい

会社の成長は、今の立ち位置を起点に考えると伸びが止まります。「ここに行かなきゃいけない」という明確なゴールを設定して、そのためにどう成長していくべきか、逆算で考えなければなりません。

自分たちのサービスが広まることで、救われる人間が増える。ですから、それを早く拡大させていくことが一番大事なのです。

日本社会のインフラになろうと思っていたら、それはもう何万人、何十万人という単位のお客様にサービスを提供しなければならない。

今までより格段に日本に来やすくなった、今まで来られなかった人たちが来られた、あるいは逆に日本から世界に出やすくなった。こうしたことを実現するためにGTNは存在しています。1人でも多くの人にGTNのサービスを提供したい。これは使命感です。

マーケットブレーカーではない

家賃保証会社はいくつもあります。しかし、外国人専門は当社のほかには見当たりません。GTNのビジネスは、マーケットを壊すものではありません。他社のビジネスを横取りするようなリプレースでもありません。なぜなら、これまでほとんどの不動産会社が扱いに困っていたマーケットを対象にしているだけだからです。

ですので、GTNはマーケットブレーカーではなく、今までなかった新規市場を創出しているといえます。

大学では、留学生の多い某有名私大が最初に利用してくれました。そこから一気に他大学にも広がりました。今では60以上の大学と提携しています。

２０１９年１月にはＧＴＮのサービスを取り扱う不動産会社は９０００社以上。１万社を視野に入れる所まで広がってきました。

第2章

第三の開国の時代が到来した！

第三の開国の時代が到来した！

開国の意義を歴史から学ぶ

外国人が日本で生活しやすい環境を整えていくこと。これが外国人のためになるのは言うまでもありません。

しかし実はこのことは、むしろ日本社会にとって大きなメリットがあると私は考えています。

歴史を振り返ると、日本社会の構造的な問題を解決するのは、いつも外国人でした。日本はこれまで、外圧によって国のあり方をより良い方向へと変えてきたのです。

「愚者は経験に学び、賢者は歴史に学ぶ」というのは、ドイツの宰相ビスマルクの言葉。人間が生きるのは100年にも満たない短い間です。その限られた経験から語れることなど、たかが知れています。

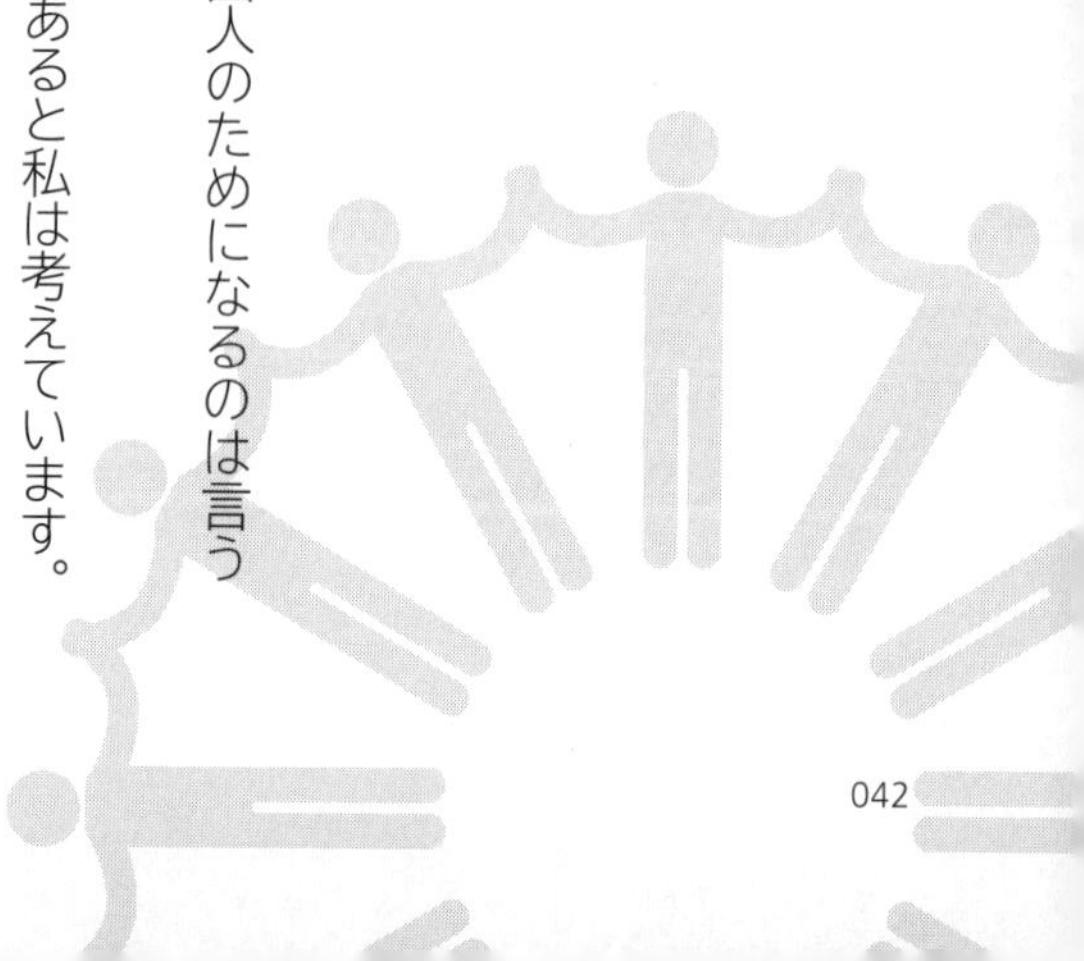

人間は歴史を繰り返すというならば、歴史から学ぶのが賢明だと私も思います。私自身が歴史好きということもありますが。

日本には、これまで近代史において二度の開国がありました。「黒船来航」と「終戦」です。江戸時代の長い鎖国を終わらせたのも、平和的で民主的な国家へと変貌を遂げたのも、すべて外国人の力があったからこそだったのです。

二度の外圧で、近代化を達成

第一の開国である「黒船来航」は幕末の1853年、浦賀に米国のペリー率いる黒船が4隻やって来て、日本に開国を迫ったことから始まりました。翌年には日米和親条約を結び、約200年にわたる鎖国体制が崩壊したのです。

日本は開国後、欧米列強に追いつけ・追い越せとばかりに、猛烈な勢いで欧米の技術や法律を学び、アジアでいち早く近代化を成し遂げました。開国から約50年後、1904年から始まった「日露戦争」では、ロシアに勝利した形になったのです。

日本は開国から日露戦争の前後までに、猛スピードでイノベーションを巻き起こしていきました。初の国産小銃である村田銃の開発にしろ、日露戦争での海戦の戦術にしろ、欧米列強の技術を取り込みながら、独自の改良を加えて進化させていきました。


続く第二の開国が太平洋戦争の「敗戦」です。

日本は「神の国」だと過信して、結果的に敗北します。

敗戦後、米国からマッカーサー元帥が来るわけです。

日本の悪い点を理解していたマッカーサーの発想は、理想からの逆算です。日本の理想の姿を設定して、それを実現するための手を打っていきました。これは外国人だからできたことでしょう。

その柱となったのが日本国憲法です。

日本国憲法のビジョンの正しさは、制定から70年以上経った今でも国民から支持されていることからもわかります。ビジョンを実現する方法にはさまざまな意見がありますが、少なくとも平和憲法のビジョンに反対する人は、あまりいません。

この日本国憲法が描いた理想に向けて、日本は高度成長期を成し遂げてきました。二度の開国があったからこそ、日本はここまで発展できたといえるのです。

自らの意思での平和的開国

そして今が第三の開国です。

日本に暮らす外国人は、このところ右肩上がりで増加し、2018年6月の時点で264万人に達しました。これは名古屋市や札幌市の人口よりも多い数字です。日本で就労する外国人は2018年10月時点で146万人でした。もちろんどちらも過去最高です。

観光で日本を訪れる外国人も激増しています。

サッカーの日韓ワールドカップがあった2002年は520万人でしたが、2013年には初めて1000万人を突破。2016年には2000万人を超え、2018年は3100万人を越えました。

15年間で6倍近くも増えたのです。

第一の開国と第二の開国は、どちらも外圧と呼べるものでした。日本が自ら決断して開国したというよりも、無理やり開国させられた側面が強い。外国からの脅威による開国だったのです。必ずしも平和的な開国ではありませんでした。

今回の第三の開国が過去2回と決定的に違うのは、自らの意思で決めた友好的なものである点です。

外国からの圧力に屈して開国しようとしているわけではありません。自らの選択で開国しているのです。

今回は、日本人が自らの意思で外国人を受け入れるという新しい挑戦です。

14職種で外国人労働者を受け入れへ

2018年12月には、政治にも大きな動きがありました。

ニュースでも大きな話題になっていましたが、出入国管理法（入管法）の改正案が可決されたのです。これは、外国人労働者の受け入れを拡大し、環境を整えるためのものです。

改正入管法の柱は2つ。1つは外国人の新たな在留資格を創設すること。もう1つは法務省に出入国在留管理庁を新設することです。

49ページの図にもありますが、新たな在留資格とは「特定技能」の1号と2号です。「相当程度の知識又は経験を要する技能」を持つ人に与えられるのが1号、さらに熟練した技能を持つ人に与えられるのが2号です。

受け入れ職種は、建設や外食、介護、農業、宿泊など14に上ります。

1号での受け入れ人数は、5年間で最大34万5150人が目安。というと、「すでに農場や飲食店でたくさんの外国人が働いているのでは？」と思うかもしれません。農業や漁業で働いている外国人のほとんどは技能実習生。建前上、労働者として受け入れているわけではありません。

また、飲食店で働いているのは、ほとんどがアルバイトの留学生。これまた就労目的で入国した人たちではありません。

日本はこれまでエンジニア、国際業務、教育者、経営者といった高度な技能をもつ外国人の人材にしか就労の門戸を開いてきませんでした。今回の改正では、広く労働者に門戸を開くことになるのです。

これによって、日本社会が大きく変わろうとしています。

試される日本社会の度量

変化しているのは日本だけではありません。

世界は長らくヨーロッパ主体の時代でした。ところが近年はアジア各国の経済が目覚しく発展してきました。中国は2010年にGDPで日本を抜き去って世界2位に躍り出ています。中国は今や政治的にも経済的にもアメリカと覇権を争うまでの存在感を見せているのはご存知の通りです。

世界全体がグローバリゼーションの波に飲み込まれていく中で、日本はいろんな分野で「ガ

特定技能の1号と2号の違い

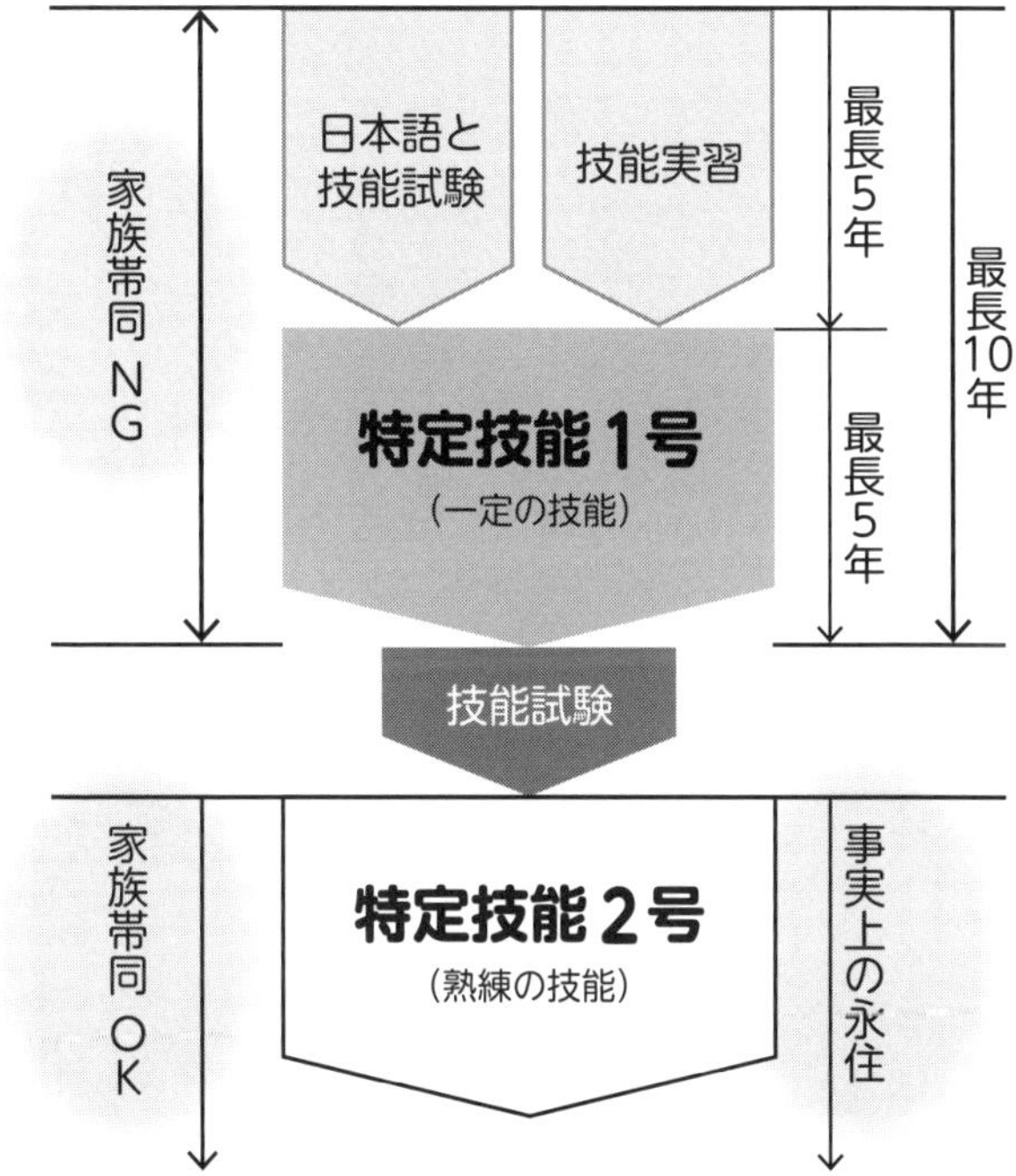

これからOKになる14職種

・介護
・ビルクリーニング
・素形材産業
・産業機械製造
・電気・電子機器関連産業
・建設
・造船・舶用工業
・自動車整備
・航空（空港グランドハンドリング・航空機整備）
・宿泊
・農業
・漁業
・飲食料品製造（水産加工業含む）
・外食

ラパゴス化している」と揶揄されています。

ガラパゴスとは、言い換えると鎖国。二度の開国を経ても、まだ閉鎖的な面が色濃く残っています。島国という地理的な要因があるかもしれませんが、このままでは世界から取り残されてしまいます。

増え続ける外国人とどう付き合っていくのか？

今、日本人の懐の深さが試されているのです。

第3章

外国人なしに、高齢化社会を支えられない

外国人なしに、高齢化社会を支えられない

若い人たちが激減していく危機的状況

それではなぜ、日本は第三の開国が必要なのでしょうか。

それは日本人だけでは解決できない深刻な課題を抱えているからです。つまりそれは、少子高齢化による若い世代の人口減少です。

これから日本が向き合っていく若い世代の人口の減少と高齢化のペース。これは、みなさんが想像する以上だと思います。少しくらい出生率が回復したり、女性の社会進出が進んだりしても、どうにもならないくらいのペースです。本当に危機的です。

55ページのグラフを見てください。総人口は２０１６年で１億２０００万人強。２０４０年になっても約１億１０００万人とそれほど大きく減るわけではありません。

問題は中身です。65歳以上の高齢者が大きく増えていくのです。2010年は2900万人でしたが、3900万人へと1000万人増えます。

一方で、若い人たちが激減するのです。7000万人以上いた15～59歳は、5180万人へと2000万人近く減ります。

2040年には団塊の世代ジュニアたちも高齢者になりますが、その高齢者を支える世代がいないというびつな人口構成になってしまうのです。

これでは完全に頭でっかち状態。バランスが悪くて支えられるわけがありません。

ほんの6年後の2025年には、全人口の3人に1人は高齢者、5人に1人は75歳以上の後期高齢者という超高齢社会になります。

2050年には高齢化率は40％に達するとみられます。

政府の発表では、2030年に六百数十万人の労働力人口が足りなくなるそうです。パーソル総合研究所は、日本では2025年までに583万人の労働力が足りなくなると試算しています。

いずれにしても600万人前後の働き手が足りなくなるのです。これでは、日本社会を支えられるわけがありません。そしてこの先の日本を、こんな社会にしてしまうわけにはいきません。

とはいえ、「未来のことなんてわからないじゃないか」と思うかもしれません。が、最も未来を正確に予測できるのは人口なのです。私はよく、会社のスタッフにも「最も信頼できる経済指標は人口統計である」と言っています。人口統計は間違いがありません。20年後の日本人の数を私は予言できます。カラクリを知れば、誰でもわかる話です。

たとえば2018年に生まれた日本人の数は92万人。となると、20年後、20歳の人口はほぼ92万人です。少なくとも20年後を見通せる経済指標が人口統計なのです。

ということは、天変地異でもない限り、現在予測されている人口構成がそのまま未来の数字になるのです。絵空事ではありません。

年齢区分別　将来の人口推計

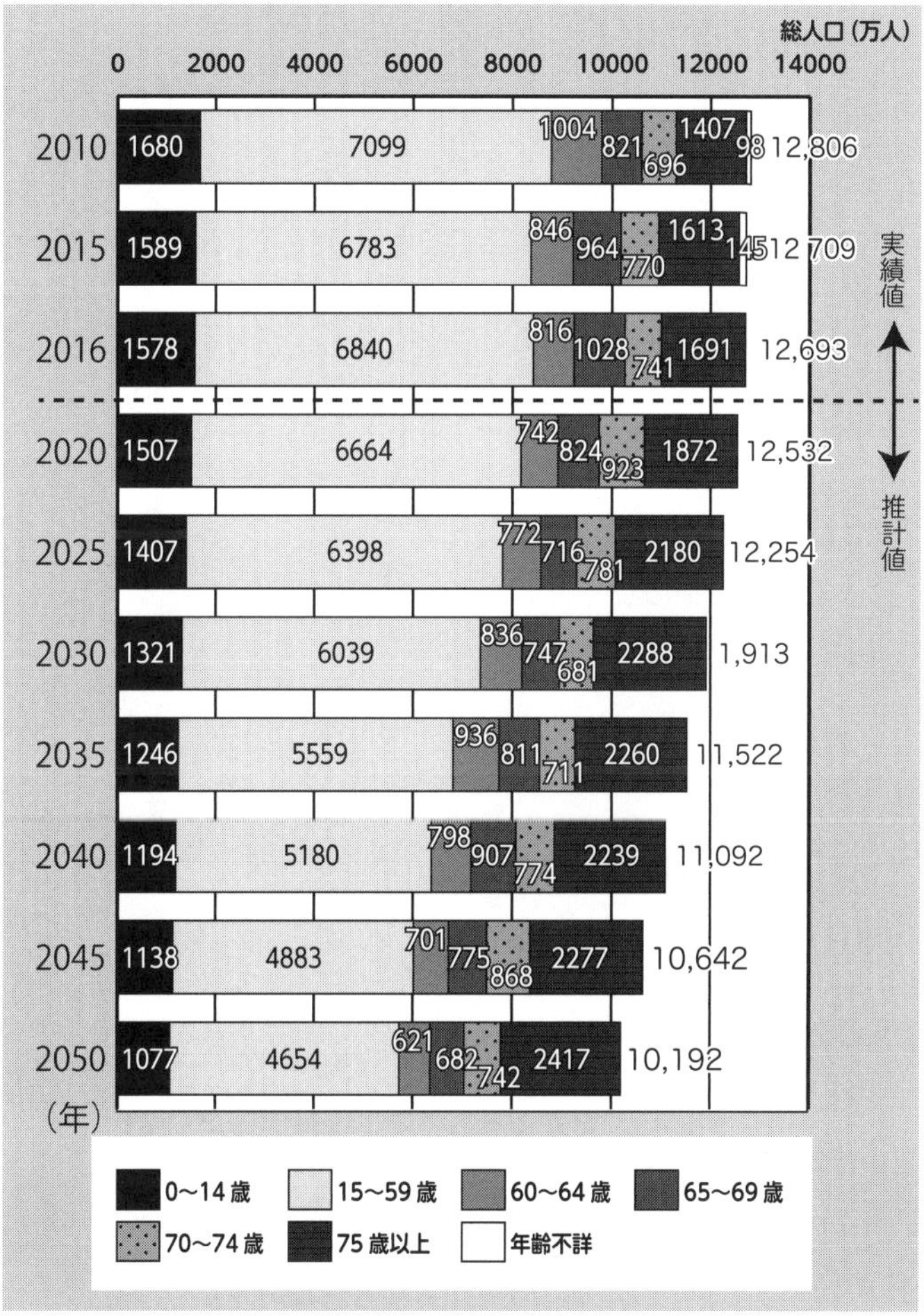

＊「国勢調査」（2010年、2015年分：総務省）、「人口推計」（2016年分：総務省）、「日本の将来推計人口」（平成29年推計）（2020年以降：国立社会保障・人口問題研究所）より

出生率の回復では間に合わない!?

若い人たちの人口が減っていく主な原因は、低い出生率による少子化です。生まれてくる子どもの数自体が少ないのです。

日本の合計特殊出生率は、第1次ベビーブームの1948年に4・32、出生数は史上最高の約270万人に達しました。そして第2次ベビーブームの1973年は合計特殊出生率が2・14、出生数は約210万人でした。

この第2次ベビーブームを境に、合計特殊出生率も出生数は、実に40年以上にわたって減少傾向が続いています。

合計特殊出生率は2005年に1・26と過去最低にまで落ち込みました。このところは1・4くらいで推移しています。

2018年に生まれた子どもの数は約92万人。これは第1次ベビーブームの3分の1、第2次ベビーブームの半分以下です。

もちろん、子どもを産むかどうかは、人それぞれの価値観です。他人がどうこう言う筋合いのものではありません。

ただ、問題なのは、子どもを産みたい人が、産みにくい状況になっていること。子どもを保育園に入れようとしても入れられない待機児童の問題が代表例です。子育ての孤立化や経済的な負担が大きい、といったことも出産の障壁になっているでしょう。

いまだに「寿退社」という前時代的な言葉が残っています。女性社員が結婚したり、子どもが生まれたりすると、会社を辞めざるを得ない状況というのもまだ存在しています。

子どもを産みやすい社会。子どもを育てやすい社会。こうした社会をつくっていくということも、もちろん必要です。

それでは少子化対策が奏功して出生率が上昇したら、600万人前後になるとされる労働力の不足を補えるのでしょうか？

残念ながら、まず不可能です。

人口を維持するために必要な出生率は2・07といわれています。しかし、たとえ今の日本で出生率が2・07になっても、人口減少は止まりません。というのも、子どもを産む若い世代自体がすでに少なくなっているからです。

今の40代半ばの人たちは1学年約200万人でした。これに対して今の20代は1学年120万人くらいです。さらに今、年間の出生数は100万人を切っています。出生率が2・07になれば1学年約100万人を維持できる、という話にしかすぎないのです。

フランスの出生率向上は移民を含めてのもの

よく少子化対策の成功例として取り上げられるのがフランスです。

フランスの合計特殊出生率は1994年に1・66と底をついた後、1・9くらいまで回復しました。フランスは子どもを産み、育てやすい環境づくりを進めていることが功を奏している面もあるでしょう。ただ、それだけが出生率回復の原因ではないと思います。

サッカーワールドカップのロシア大会で優勝したフランス代表チームを思い浮かべてみてください。メンバーの大半がアフリカなどをルーツにした移民の二世、三世たちです。

フランスの出生率とは、先祖代々フランスで暮らしてきた人たちだけでなく、こうした移

出生率と出生数の推移

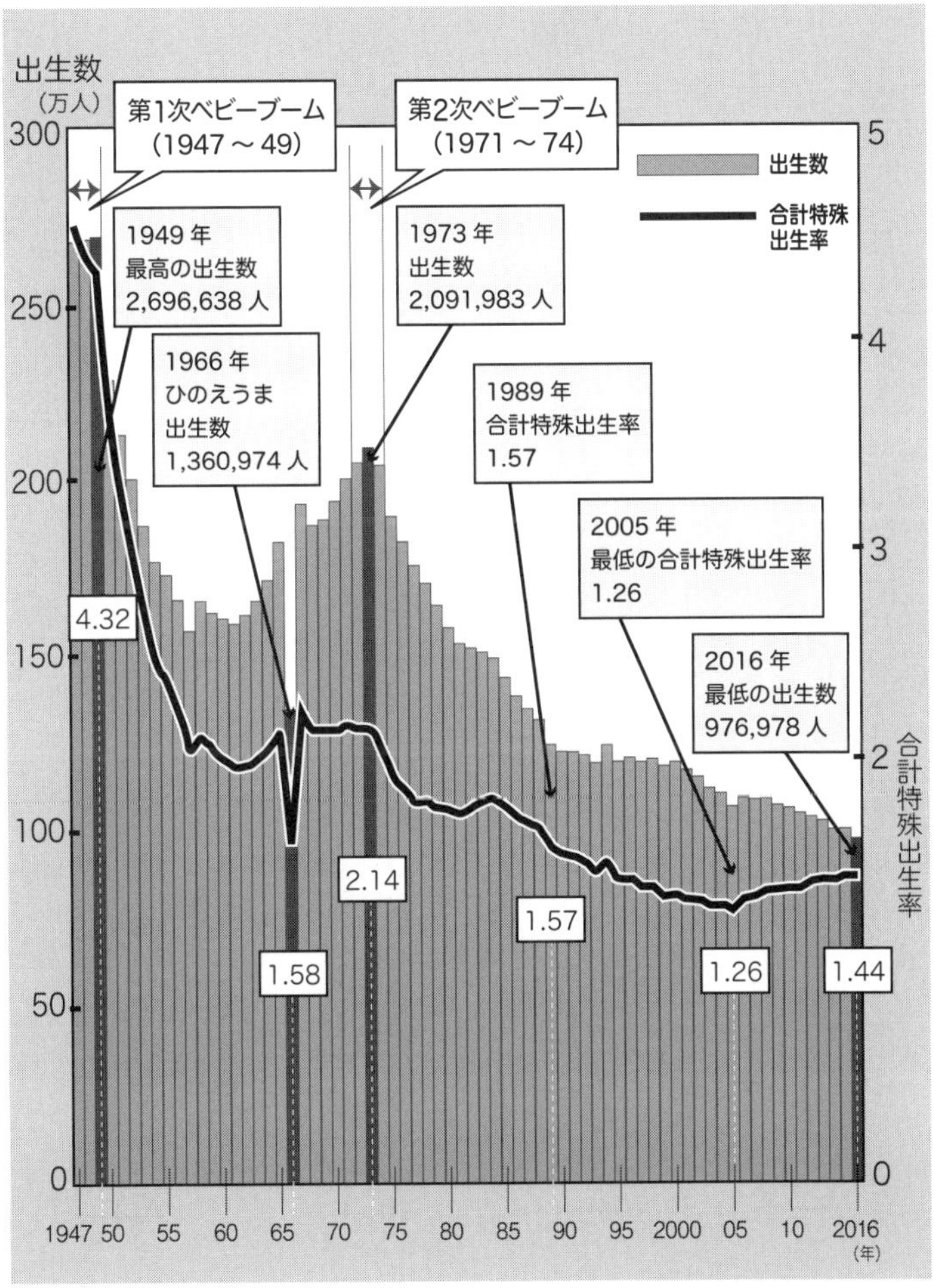

＊「人口動態統計」(厚生労働省)より

民を含めてのものなのです。こうした事情が日本とは大きく異なっています。

日本人が単一民族かどうかはさておき、同じ日本語を話し、同じような習慣を持つ同質性の高い人たちの集合体として日本は発展してきました。

一方で、日本が外圧によって時代の困難を乗り越えてきたのもまた事実です。外国人をどのように受け入れるのか、そこに日本社会の未来がかかっていると思います。

このままでは1000兆円の借金を返せない

百年に一度というくらいのこの危機的状況に対して、私たちは正面から向き合っているとは到底思えません。

中高年世代にはびこっているのは「自分たちは大丈夫」という発想ではないでしょうか。

確かに、戦後の高度成長期を支えてきたのは高齢者世代です。「その恩恵をこうむるのは当然の権利だ」というのも、ごもっともな話。国がそれを約束してきたわけですから。

しかし、若者世代からすると、生まれる前に決められたルールによって、大きな負担を背負わされるわけです。

今、この瞬間に「オギャー」と生まれた赤ちゃんに「あなたには約1000万円の借金があるから、がんばって返しなさい」と言うのは酷な話です。

人口減少が進み、デフレ経済になり、日本市場がシュリンクしていく。日本の借金は1000兆円といわれています。これを返すのはもうほぼ不可能です。日本人は、この現実を認めたくないわけです。

それではどうやってこの状況を乗り越えるのか。選択肢は2つ。

経済を拡大させるか、インフレを起こして借金をチャラにするか、どちらかです。

ただし、インフレで借金をチャラにすると、日本人が大好きな貯金の価値も下がります。

そうなると日本は国際的な信用も一気に失います。世界におけるプレゼンスを一度リセットすることになります。

国の経済破綻の先例はいくつもあります。

近いところではギリシャです。２００９年、放漫財政によって巨額の赤字があることが発覚し、ＥＵを揺るがす経済危機に陥りました。

１９９７年にタイから始まったアジア通貨危機では、韓国も一度破綻しました。通貨の価値が不安定になり、誰も取引したくないという状況になったのです。そのとき、韓国国民は手持ちの「金」を国に預けました。ナショナリズムが色濃い韓国では、国民が家中にある金を持ち寄って、国に預けて国を支えたというわけです。

そんなことが今の日本で起きるでしょうか。

これまで日本人自身で買い支えていた国債などを、今は外国人にも買い支えてもらっています。もし、この先、何か問題が起こったとき、このことが国際的な外交の道具にされかねません。

そうならないようにするには、経済を活性化するしかありません。労働力が激減していく中で、経済を成長させるには、外国人の力を借りるしかないのです。

国の決定が高齢者寄りに

このままいくと、2050年までに、年間平均、約100万人のペースで人口が減り続けます。つまり毎年、政令指定都市クラスの人口が消えていくという計算です。

戦後の何もかもが増える時代と比べると、あるものがなくなっていく。私たちは、まだ経験したことのないそんな世の中に立ち向かっていかなければならないのです。

しかし、トータルの人口減少よりも深刻なのは、若者が少なくなること。これは本当に恐ろしいことです。

最近の国政選挙の投票率を見ると、20代が30％台、30代が40％台、60代は70％前後といったところです。人口の少ない若者の投票率が低くて、人口が多い高齢者の投票率が高い。

ということは、高齢者のほうが圧倒的に国政への影響力が強いというわけです。

政治家は、票を得なければ議席を取れません。そのためにどうするのか？　得票になることを公約に掲げて、実行しようとします。高齢者に支持されるような行動を優先せざるをえません。

年金を受け取っている高齢者世代から反発を受けるような政策は打ち出しにくい。高齢者にそっぽを向かれたら、当選できないのですから。そうなると当然、国会議員による国の意思決定はことごとく高齢者寄りになります。

この構造は、日本の最大の問題です。

あえて言えば、人口構成を勘案して「20代には2倍の権利を与える」というくらいに補正をしないと、世代間格差は埋まらないかもしれません。

鬱積していく若者の不満のはけ口は？

日本では、若者たちが自分たちの声を上げる場所や環境がほとんどありません。昔のように学生闘争で火炎瓶を投げるようなこともしません。

フランスをはじめ香港などで、世界の若者たちはまだ戦っています。ところが日本の若者たちは戦うことすら諦めてしまっている状態です。

内面的な怒りを抱えている若者も多いと思います。今の若者はそれを社会や大人たちに真正面からは向けません。

それではどこへ向けるのか。インターネットというバーチャルな空間です。普段生活をしていて、攻撃的な若者にほとんど出会いませんが、ネット上ではものすごく攻撃的な若者が目立ちます。顔には出しませんが、心の中では煮えくり返るような怒りの感情や嫉妬を抱えている若者が多いということでしょう。

若い人たちは、怒りの矛先を自国の社会に向けてしまうと、大人たちに叩かれてしまうことを知っています。人数的にも今の若者は社会の少数派ですから、袋叩きに遭いかねません。

しかし、日本で反韓、反外国人を叫んでも叩かれることは、あまりありません。隣の国でも同様です。韓国では反日である限り、叩かれることは、あまりありません。中国でも、自国批判よりは、反日に関しては国が規制しません。

ですから、鬱積している感情のはけ口を外国人へと向けてしまう若者がいるのです。

そういう過激な人たちの方が声が大きい。しかし、大多数の若者は、反韓でも反日でもありません。むしろ今、日本人と韓国人との交流や結婚は増えています。日本に観光で来る韓国人は年間750万人以上。日本で就職したい韓国人も増えています。日本語を勉強している韓国人も、韓国語を勉強している日本人も増えています。今や新大久保は、若者を中心に人気のエリアです。

特に、若い人たちの間では、日本と韓国はとてもいい関係です。

私はこれまで、韓国に50~60回は行っていますが、記憶には良い思い出が圧倒的に多いです。本当に多くのみなさんが温かく迎え入れてくれます。

イノベーションが起きにくい社会へ

若者が少ないと、イノベーションが起きなくなります。これも大問題です。

高齢者は先例主義に陥りがち。どうしても過去の経験で語りたがります。そうなると、イノベーションは起きません。

誤解してほしくないのは、高齢者が経験を語ることが悪いというわけではありません。むしろ価値のあることです。ただ、たまに言われるのはいいのですが、毎回のように締めつけられると、若い人たちのやる気が失せることもあるということです。

とはいえ、そんな絶望的な状況の中でも、イノベーターは出てきています。

若くて優秀な人たちは海外を意識するようになってきました。優秀な人たちがずっと日本に残って活躍してくれればいいのですが、このままでは日本を捨ててしまうかもしれません。捨てるところまでいかなくても、優秀な人ほど日本をベースにして戦わなくてもいいという意識が強まっている気がします。

マイクロソフトの共同創業者であるビル・ゲイツ氏は2008年に50代でフルタイムの仕事から引退し、2014年には会長職も後進に譲りました。中国のeコマースの雄・アリババ社（阿里巴巴集団）の創業者であるジャック・マー（馬雲）氏は、2018年に50代の若さで引退することを発表しました。こうした世界的な起業家たちは、潔く道を次世代に譲っています。これは素晴らしいことだと私は思います。

ところが多くの経営者たちは仕事が趣味のようになり、自己存在価値のようになってしまいます。そうすると辞められません。権力を持つと、権威主義的な考えになって、ポストを手放せなくなるのです。

大切なのは、イノベーションが起きやすい社会をどう育てるか。失敗を否定しがちな日本では、若者がトライして、失敗すると、ほら見たことかとなってしまいます。そうならないような社会をつくっていかなければなりません。

挑戦を阻んでいませんか？

日本のある会社の方と話していたときのこと。その会社は、中国の企業が運営する商業施設の共同での開発を持ちかけられたそうです。彼はそのプロジェクトを進めたかったのですが、上層部からの「リスクのある開発はするべきではない」という反対にあってしまいました。

結局、この会社がお手伝いしたのはコンサルティングで、ノウハウや情報の提供をする契約を結んだそうです。そして商業施設は大成功し、今後、その中国の企業は中国国内で、さらに同じような商業施設を展開していくことになりました。

私はこの話を聞いて、何ともったいないことかと思いました。中国の企業とコンサルティング契約をしたというと、恐らく数千万円のコンサルティング料としての売り上げが発生したはずです。しかし、もしこの中国企業と共同で開発をしていたら何十億円、何百億円の成功になったはずです。中国の企業は、ノウハウを吸収したら、きっとこの日本の会社とのコンサル契約を終えることでしょう。つまり数千万円の利益は上げることができましたが、それで終わりということです。

これは中国の企業が悪いと言っているわけではありません。リスクを取らなかった日本企業、ひいては日本のビジネスの考え方に問題があるのです。

日本の中にも、チャレンジ精神旺盛な人は沢山いるのです。そうした人に対して、「失敗したらどうするのだ?」と押さえ込んでしまうような場合もあります。これでは、何もチャレンジできません。

私は、「失敗歓迎」とよく言っています。

会社の中のルールは1つだけ。会社のために、という思いを持っていること。これさえあれば、何をやってもいいということにしています。またその失敗を会社のために還元して欲しい、とも言っています。

そもそも日本では、子どものころから挑戦することを恥ずかしがる傾向があります。「間違えたらどうしよう……」と、教室で手を挙げない。外国人と日本人が一緒の教室にいると、手を挙げて質問するのは外国人ばかりということも。前の席に座るのも外国人です。

教室の後ろで手も挙げずに黙って生きてきた人間が、社会に来ていきなり挑戦するというのは難しいので、この辺は教育の観点からも変えていく必要があると思っています。

人手が足りない日本、若者が余っているアジア

今、日本人の平均年齢がどれくらいかご存じですか？

2015年の国勢調査では46・4歳でした。ヨーロッパの先進国には平均年齢40代の国が

数多くありますが、それでも日本が世界一です。2024年には、日本人の平均年齢が50歳を超えるとみられています。

一方で、東南アジアの国々の平均年齢はことごとく20~30代。ベトナムは、30歳そこそこで、フィリピンは24歳です。東南アジアは若い人が多い。労働力があふれています。ところが、東南アジアは若者が多いがゆえに、就職難が深刻です。国内産業がまだ育っていないこともあって、若くて優秀な人材の就職口が限られています。逆に、日本は、仕事はあふれているのに、若者が少ない。慢性的な人手不足に苦しんでいます。

日本と東南アジア。この両者がちょうど正反対の状況にあるのです。それなら、お互いに補完すればいいのではないでしょうか。

私は、この人口構成の補完性というのが重要だと考えています。

人口が増えている国から、減っている国へ、人が移動するのは必然です。

その中で、できるだけ日本を魅力的な国にして、優秀な人材や日本が好きな人材に来てもらう。そういうことを戦略的に考えていかなければなりません。

アジアの国々の平均年齢

シンガポール	40.0（38.1）
タイ	38.0（36.9）
ベトナム	30.4（29.8）
マレーシア	28.5（27.4）
ミャンマー	27.9（29.0）
インドネシア	27.8（27.8）
フィリピン	24.2（23.0）
カンボジア	23.9（24.4）
ラオス	21.9（21.4）

＊「World Population Prospects The 2015 Revision」（2015年、（　）内は2013年：国連）より

ロボットと人、どっちを選ぶ?

「AIが進化する」「ロボットが代わりにやってくれる」「そもそも人間がいらなくなる」など、労働力の減少を論じていると、そう力説する人がいます。

確かに、ロボットやAIが肩代わりしてくれる仕事は増えるでしょう。人間の仕事が激減するように語られますが、本当でしょうか。

モータリゼーションで馬車や人力車は淘汰されましたが、タクシーやトラックのドライバーという膨大な数の新たな仕事が生み出されました。工場のロボット化が進んで作業員の数は減りましたが、プログラミングを担うプログラマが足りずに困っています。

インターネット通販が普及し始めたとき、「街のお店がなくなる」という極端な話がありました。確かにネットショッピングは伸びましたが、街のお店がゼロになったわけではありません。

消費者までもがロボットに置き換わるような世の中がやってくるとは考えられません。回転寿司店でロボットがお寿司をつくっても、ロボットが回転寿司店でお寿司を食べる時代は来ないでしょう。

人間が人間を否定してどうするのでしょうか。外国人は受け入れずに、ロボットを受け入れるという考えは私には理解できません。

日本の〝宣伝本部長〟になってもらう

日本はこれまで、海外のモノを取り入れて上手にカスタマイズしてきました。インドのカレーも、中国のラーメンも、「これがカレーなの?」「これがラーメンなの?」というくらい別物に変えてしまいます。洋食もそうです。フランス料理もイタリア料理もそのまま受け入れるのではなく、日本風の洋食として進化させています。

自動車もカメラも、欧米の技術を取り入れて、日本が独自に改善を繰り返して世界をリードするまでになりました。

日本は受信することが大得意なのです。

ところが、発信はうまくない。

アジアの人たちは、日本のブランド力と技術力を知っています。だからこそ、自国の産業の発展のために日本企業の力を借りようと声をかけますが、日本企業は動かない。それなら自分たちでやってしまえとなるわけです。

これが近代の日本の経済競争力の低下につながっていると思います。

代表例が韓国のサムスン電子です。サムスン電子は元々、技術もほとんどの部品も日本製でした。日本製の部品を組み立てて、自社の完成品として世界で売り出したのです。そこからグローバル企業へと成長しました。

日本は、世界に向けてもっと発信力を高めるべきです。

それでは誰が発信するのか。かつては海外留学経験のある日本人が、外国語を身につけ、日本の良さを世界へと伝える役割の一翼を担っていました。

ところが今、日本以外のアジアの国々の留学生は増えているのに、海外へ留学する日本人は減ってきています。

それなら日本を知る外国人の力を借りればいいのです。

日本が好きで、日本で生活した経験があり、日本文化を知っていて、さらに海外のことも知っている大切な人材。それは、今は日本人よりむしろ外国からの留学生ではないでしょうか。

これから世界の人たちを積極的に受け入れていけば、それこそ日本人が日本を宣伝しなくてもよくなります。留学生が母国に帰った後、日本を宣伝してくれるようになるからです。

日本にも、若いころにアメリカで学んで成功した人たちが沢山います。それと同じです。たとえば、ソフトバンクの孫正義会長は若い頃アメリカに留学していましたが、その時の経験がいろいろな意味でプラスになっているはずです。アメリカの会社に投資して、雇用も生み出しています。

サムスン電子のイ・ゴンヒ会長は早稲田大学出身です。台湾の李登輝・元総統は京都帝国大学出身です。日本での留学経験がある各国の有力者たちの多くは、親日家として知られています。

このような人たちをもっと増やせばいい。政治的・経済的なパイプをつくれば、日本企業が海外に進出しやすくなるでしょう。

日本語を話せる人材がいろいろな国にいることは、日本にとって大きなプラスです。日本人の多くは日本語しかできません。それなら世界に向けて日本語のできる人材をどんどん育成すればいい。

留学生は母国に戻った後、日本企業で働いたり、日本企業をサポートするビジネスを立ち上げたりすることでしょう。留学生には、日本と外国とのかけ橋になってもらえばいいのです。

ローカルマーケットでは、現地の人にはかなわない

日本人でも、最近は英語が得意な人が増えてきました。しかし、たとえばベトナムのローカルマーケットで戦うとなると、いくら英語ができても厳しいのです。現地の言葉や人脈、商習慣に通じていないと、ビジネスを有利に進められません。そうなると、やはりベトナム人が強い、となります。

日本をよく知る外国人は、日本が現地でビジネスを展開するときの強力な味方になる可能

性が高いのです。

韓国人がすごいのは、海外に行ったら、そこに住み続ける覚悟がある人が多いこと。今やいろいろな国でコリアタウンが発達しています。

たとえばベトナムにいる日本人は現在2万人くらいですが、韓国人は15万人以上。20万人という説もあります。下手をすると日本の10倍です。日本と韓国の経済力や人口を考えたら、実質20倍くらいに相当するでしょう。日本と韓国ではそれくらい海外に出て行く意識が違います。そのくらいの覚悟を持てる日本人を養成できればいいのですが、なかなか難しい。日本は豊かで便利な国だからです。さらに、日本人は現地の人を味方につけるのが下手というのもあります。

それなら、日本の良さを海外で売るとき、外国人の力を借りればいい。現地の人たちに、日本人に代わって日本を売ってもらえばいい。日本人のように会社を好きになってもらって、日本または、現地で活躍してもらえばいいのです。

腰掛け社長の言うことは聞かない

SNSアプリとしてこれだけ日本市場に浸透したLINE。LINEは韓国系の企業です。しかし、韓国の色を一切出していません。本社は日本にあり、日本人の社長を立てて、日本のマーケットで圧倒的なシェアを得ることができました。

片や日本企業の多くは、海外に設立した現地法人の社長には、日本から派遣する日本人を就任させます。日本人社長は3年か、短いと1年で交替します。

日本人駐在員たちは酒の席になると、少しアジアを見下したような「現地あるある」で盛り上がることがあります。「●●人は○○ができない」「△△人は1時間遅れるのは当たり前」といった具合です。エレベーターがどうの、クルマがうんぬんと他にもいろいろあります。

逆の立場になったことを想像してみてください。日本人を小ばかにするような冗談を言う外国人が社長としてやって来て、自分の10倍、数10倍の給料をもらっている。しかも数年でコロコロ代わる。現地の人は誰も、そんな外国人社長に心の底から尊敬して付いていこうとは思わないでしょう。会社のためにがんばろうという気すら起きないはずです。

日本企業が海外進出で失敗するのは、こうしたことが原因になっているケースもあるのです。

アジアとは世代間でも補完し合える

今後は日本と東南アジアは、世代間でも補完し合えると私は考えます。

私たち日本人の身体能力は、30年前と比べて5歳くらい若返っているそうです。確かに、かつて40歳といえばかなりのオジサン、オバサンでしたが、今は若々しい。これからは人生100年時代。60代、70代でも元気な方が増えています。こうした人たちの中には高度な技能や知識を持つ人も多いのです。


一方で、東南アジアは若い人たちが多いものの、知識や技能はまだ蓄積されていません。

そこで、シニア世代が東南アジアに行って、向こうの社会のために経験を活かすという道もあるのです。すでにそうした人たちが増えてきました。定年退職後にアジアに飛び込んで、現地社会に貢献している日本人のシニアは少なくありません。

こういった活動からも日本と東南アジアがお互いに世代間の補完を実現できる未来というものを描けるのではないでしょうか。

景気の波の最適化

景気には波があります。

どの国にも好景気のときもあれば、不景気のときもあります。

日本単体だと、景気がよければ人手が不足して、不景気になると失業者が増えます。ところが、世界の市場では、常に好景気と不景気が交差しています。失業が多い国から、人手が不足している国へ、国境を越えて意図的に調整できるようになれば、多くの人が救われます。

グローバリゼーションの中で、ビザの要件がある程度緩和されて、国境を越えて行き来しやすくなれば、国を越えた労働市場の最適化が可能になるわけです。

日本経済が右肩上がりで成長し続けていた時代なら、そんなことを考える必要はありませんでした。誰もが正社員として定年まで働けたからです。

ところが日本は低成長時代に入り、契約社員や派遣社員という雇用形態が普及してきました。日本の会社は、労働力の調整にこうした雇用形態を利用しているわけです。リーマンショックの後、「派遣切り」が社会問題になったように、日本だけで不景気の余剰人員問題を解決しようとすると、こうした雇用形態の人たちをリストラせざるをえません。

その点、国境を越えて人々が働けるようになれば、失業者を大きく減らせるのではないでしょうか。

フェアな立場で、アジアの人たちと一緒に

日本の国際的な影響力は低下してきました。しかしまだ、これまでの日本人の努力によりアジアの人たちから日本はリスペクトされています。アジアの人たちは、日本が大好きです。

まだまだ捨てたものではありません。

技術的にも資金的にも、日本はまだ力を持っています。


しかし、私たちが上から目線で彼らと接したらどうでしょうか。

たとえば、日本を代表するような大手企業が「お前の会社を買ってやるぞ」と偉そうに言ってきたら、私はどんなに条件がよくても売りません。投資も受けません。

逆に「君の事業は素晴らしい。ぜひ私に投資させてほしい。協力させてほしい」と言われたら、「ぜひお願いします！」となるかもしれません。少なくとも迷います。この感覚が重要なのです。

日本は、もはや偉ぶっている場合ではありません。フェアな立場で、アジアの人たちと一緒にやっていく姿勢が問われているのです。


外国人が増えることに不安はあると思います。しかし、私たちはそれにトライしなければならない。立ち向かわなければならないのです。これからの時代、外国人を受け入れて共生していく必要があるのです。そのことが日本のためはもちろん、日本を含めたアジア全体を良くするために必要なことなのではないでしょうか。

第4章

ガラパゴス化した住みにくい日本

ガラパゴス化した住みにくい日本

どうにもならない「保証人」という壁

今後、さらに多くの外国人が日本で暮らすようになります。

ところが日本には、初めて来日した外国人がどうすることもできない独自のルールが多い。いわばガラパゴスルールです。このルールのために、外国人が不利な状況に置かれてしまうことがあるのです。

代表例が「保証人」という制度。日本では、部屋を借りるときに保証人が求められます。日本人なら親や兄弟に保証人を頼む人が多いでしょう。しかし、日本に親も兄弟もいない外国人からすると、どうにもなりません。親しい友人もいなければ、保証人を頼みようがありません。

肩代わりできる人を提供させるということの保証人制度。私たち日本人は当たり前のこととして受け入れていますが、親戚が国内にいない外国人には、とても不利な制度なのです。

客なのに、なぜお礼のお金を払うの？

礼金というのも、外国人には理解しにくい制度です。

最近は、敷金ゼロ・礼金ゼロという物件も増えてきました。しかし、敷金も礼金も求められる物件がまだ多数派。日本人でも、敷金はまだしも、礼金というものにはスッキリしないという思いの人もいるでしょう。

礼金は、日本の不動産賃貸業の歴史と切り離せません。元々日本の賃貸業は間借りから始まりました。それは、日本の賃貸の歴史が、大家さんが自分の家の一部屋を貸す、ということからスタートしたというものです。お笑いコンビ・カラテカの矢部太郎さんが描いた大ヒット漫画『大家さんと僕』の世界です。この漫画では、矢部さんは大家さんの屋敷の2階に間借りしています。お客さんなのに礼金を入れるのは変な話ですが、この間借りの名残が礼金の制度なのです。たとえば田舎から東京に出て来て、親戚の家で間借りするとき、お礼のお金を入れたわけです。

外国人からすると、お客さんなのになぜお礼のお金を払わなければいけないのか、理解できないのです。

携帯電話の割賦《かっぷ》制の壁

日本で暮らそうとする外国人が頭を悩ませるのは、保証人制度や礼金といった不動産関連だけではありません。携帯電話の契約システムも、外国人には到底理解できないものです。

みなさんはスマホを買うとき、24回や36回などの分割払いにしていませんか？

スマホ以外の商品、たとえば洋服を買うとき、値札に月々の支払い金額が記されていることはありますか？　そんなことはないはずです。どんな商品でも、その値段だけ示されています。クレジットカードで買うとき、レジで「一括ですか？」と聞かれることはあっても、分割払いを前提にした商品はほとんどありません。

ところがスマホはなぜか24回や36回などの分割払いが基本。

あれは割賦《かっぷ》制というものです。

実はこの割賦制、一般的なモノの売買ではありません。これはリース契約に似た金融商品なのです。ということは、携帯電話は金融商品というわけです。金融商品なので、加入に際して審査があるわけです。

これは世界的に見て、異質なルールです。キャリアを自由に選べて、端末も自由に選べる、というのが世界のスタンダード。ＳＩＭフリーが当たり前です。日本人は割賦制を当然のこととして受け入れていますが、外国人にとっては理解しがたいルールなのです。

就活ルールの壁にがく然

ある飲食チェーンでこんな話があったそうです。大学時代にずっとそのお店でバイトしていた留学生が、将来は正社員になりたいと思っていました。留学生は、そのお店が大好きでしたし、海外に積極展開していることも留学生にとって魅力的だったからといいます。留学生が店長に「この会社に就職したい」と打ち明けたら、「そうか、がんばれよ」と励ましてもらえました。

大学4年生になって、改めてどうやったら正社員になれるのか店長に聞いたら、返ってきた言葉が「説明会、もう終わったよ」と。新卒の正規ルートで入社する道は、もはやないというではありませんか。留学生は「えーっ！」とショックを受けてしまいました。

どれだけ優秀で、どれだけその会社が好きで、どれだけ情熱があっても、就活ルートから外れてしまうとアウト。

むしろ学生が「この会社に入りたい」、企業側が「この人が欲しい」と相思相愛なら、企業は採用するのが世界のスタンダードです。説明会やエントリーシートといったものは関係ありません。

日本は就活も完全にガラパゴスなのです。

エントリーシートを書いて、会社説明会に行って、面接を受ける。面接では、ドアの開け方や座るタイミングなどについて、こうすればいいというパターンがある。これではまるで儀式です。外国人がわかるわけがありません。

面接や適性検査はマニュアル化されています。採用側の人事部の人も、いかに自社の色に染まるか、いかに扱いやすいかを重視する傾向が強いように感じます。

就活ナビサイトから一斉にエントリーシートを送るという一般的な就活の流れ。これは、大手企業に圧倒的に有利です。中小企業は、おこぼれに預かるしかありません。

それでも、ほとんどの中小企業はこのしきたりに従い、あえてルールを変えようとはしません。似たような金額の給料で大手から順番に優秀な学生を採っていくというのが、これまでの日本社会の人材採用の構図でした。

ところが今、これが壊れはじめました。火付け役は、やはり外国の力です。

代表例が中国のＩＴ企業ファーウェイ。いきなり新卒で40万円払います、ということを行っています。つまり日本の横並びになっている新卒市場に一石を投じているのです。大卒の初任給が40万円というのは驚きの額ですが、ファーウェイは、中国では優秀な人材にはもっと高い給料を払っています。

もしかしたら今後は、こういった外圧によって、日本の人材採用の構造が変わってしまうかもしれません。

外国人と向き合うことが、日本を良くするきっかけに

日本は島国という特異性もあり、いろいろな面で、日本独自のルールが出来上がってきました。先ほど触れたように、携帯電話も就活システムも右へ倣え。例外をつくろうとすると叩かれるのが日本社会です。

ルール化やシステム化が悪いと言うつもりはありません。

システム化したほうが効率がいい面もあります。ただ、ここで言っておきたいのは、あま

りに世界の常識とかけ離れてしまうことが問題だということです。
グローバリゼーションが進む中で、ガラパゴスルールがイノベーションの障壁になってはいないでしょうか。このままでは、日本が世界で戦えない時代がやって来てしまいます。

私は、日本が今一度、物事を本質でとらえ直す時期に来ていると思っています。

たとえば「おもてなし」。

飲食店では「ありがとうございます」という気持ちの伝え方が、形式的になってしまっているように感じます。お店によっては店員さんがお店に「言わされている感」が前面に出すぎているところも。そういうお店の店員は、口と顔が一致していません。「ありがとう」と言われることではなく、その気持ちが嬉しいのに、形式だけになって本質を忘れているお店が日本では増えてはいないでしょうか。人間がロボット化しているようです。

おもてなしは、形式じみたものではなく、本来は心のこもったものだったはずです。

なぜ、その国にしか通用しないルールができたのか。その本質を考えたら、時代遅れだとか、もはや意味をなさなくなっている、というルールもあるでしょう。本質に立ち返れば、むしろ変えるべきだという発想になるものもあるはずです。

すでに、アンテナの高い若い人たちは変わり始めています。しかし、日本に生まれ、日本に住み続けている私たち日本人には、気がつかないこともあるでしょう。

そういった観点からも、外の世界を知る外国人が日本に住んでくれるからこそ、このガラパゴスルールを壊すきっかけづくりをしてくれるのではないでしょうか。

日本にも、良さはある

日本のガラパゴス化について指摘してきましたが、外国人留学生にとって、日本を選ぶ良さもあります。

ほかのアジアの国と比較すると、日本の物価はまだ3～10倍と高めです。ですので、アルバイトがある一定時間数は認められています。

留学中にバイトができるようにしているというのは、日本が外国人に優しい部分だと思います。ですから、コンビニや飲食店では多くの留学生がバイトしているというわけです。

そうした外国人留学生に対して「出稼ぎに来ているんだ」「出稼ぎ学生だ」という人がいます。これは大いなる誤解です。

日本に来る外国人は、日本に来るために大変な努力をしています。ある程度のお金があって、学力も優秀でないと日本には来られません。とはいえ、親の支援だけでは、学費や生活費を支払うのは不可能です。本物のお金持ちたちはアメリカに留学します。

外国人が優秀というのではなく、少なくとも日本に来ているだけで、そこそこのフィルターを通っているのです。

また、日本は、日本中のどこに行っても安全で清潔です。国によっては地方によって清潔さや危険度にばらつきがあるところもありますが、日本にはそれがありません。またその生真面目な国民性もあって、ほとんどの人が、読み書きができます。

さらに地方ごとに独自の文化をもっていることも魅力の1つです。これはかつて日本が今の都道府県ほどの大きさの「国」ごとの単位で発展してきたからです。

第5章

これからの日本に必要なこと

これからの日本に必要なこと

外国人労働者なしには、コンビニ弁当もつくれない

日本政府は、外国人受け入れ拡大へと舵を切りました。私はこの改革をポジティブに受け止めています。ベストではなくても、大きな前進といえるでしょう。

これまでの日本の外国人労働者の受け入れ対象は、主に高度な能力を持つ人が対象でした。これは、科学技術や学術研究、医療、経営といった専門的な知識や技術を持つ人たちのことです。

今回の政府の取り組みは、宿泊や飲食といった人手不足が深刻なサービス業などにも、外国人労働者の受け入れを広げるというものです。

すでに、バイトや技能実習生ら、就労目的以外で入国した外国人を含めると、かなりの数の外国人が働いています。

たとえば、コンビニ向けの食品工場や飲食業界のセントラルキッチン。こうした現場では、ほとんど外国人しか働いていないようなケースも珍しくありません。実は、今の日本では外国人がいなくなったら、コンビニのパンもおにぎりも弁当もつくることができません。私たちが毎日享受している便利な生活。外国人がいないと、すでにこれが成り立たない世の中になっているのです。

コンビニの店舗も、外国人なしには最早、運営できません。

昔、コンビニというのは人の採用にまったく困りませんでした。お店にバイト募集の貼り紙を出すと、1日ですぐに応募が集まったそうです。コンビニのバイトはかつて交通費なしが基本でしたが、それでも人が集まりました。

しかし、今は時給が1000円を超えても、人が集まりません。外国人留学生のおかげでコンビニは運営できているのです。

また、ホテルのベッドメイキングの成り手はこれまで高齢者がメインでした。若い人材でベッドメイキングの仕事をしたいと思う人は少ないからです。しかし、インバウンドブームによるホテルの建設ラッシュで人がまったく足りていません。そこで、こうした分野で外国人労働者を受け入れるようになるのです。

絶対的に足りない介護人材

さまざまな業界で人手が足りていません。中でも、最大の問題は介護です。介護の現場は人手不足で忙しい。介護スタッフたちは、あまりに負担が大きいと、高齢者への優しさを失ってしまいます。介護施設での介護スタッフによる悲惨な事件が後を絶たないのは、こうした背景があるのでしょう。

今、若い人たちの間で介護職は人気がありません。施設も人も足りず、介護そのものを、在宅で行う方向にシフトしていくというのが国の方針です。これで高齢者が幸せに生きていけるのでしょうか？　高齢者が施設に入りたくても入れない。もうそろそろ、現実と向き合うべきです。

介護される側の高齢者があふれ返るのに、介護する側の人材が足りない。これは本当に恐ろしいことです。

自分がこのまま高齢者になって、誰も介護してくれる人がいない。病気にならずにずっと元気ならそれでいいですが、もし体が不自由になったらどうするのでしょうか。お金を払っても解決できない時代がやって来ます。

すでに経済連携協定（ＥＰＡ）に基づいて、日本ではインドネシアとフィリピン、ベトナムから介護福祉士候補者を毎年５００人くらい受け入れています。入れ替わりで常時約２０００人が日本で活躍しています。

またＥＰＡでは、看護師も来日しています。そのまま日本に残りたかった場合、看護師の国家資格に合格しなければなりません。これがまた難しい。かつては年に１人か、多くて数人しか受かりませんでした。日本語で受けなければならないのが大きなネックになっているからです。

２０１８年は78人が合格し、合格率は過去最高の17・7%に達しました。今は、試験時間の延長や漢字に振り仮名を付けるといった特例措置があるそうです。それでもやっと2割弱というのが現状です。

台湾は外国人介護人材受け入れ先進国

介護人材の受け入れでは、台湾がアジアで最も先進的な国の1つです。

台湾には、すでに25万人の外国人介護従事者がいます。このデータを見たとき、私はがく然としました。台湾では、要介護者の約3分の1の人が外国人のお世話になっていることになります。

インドネシア人が一番多くて、次がフィリピン人です。

台湾の人口は3000万人を満たしていません。2400万人くらいです。そして高齢者の割合は、13%程度とまだ日本の半分。

台湾と比べると、日本は人口が4倍で、高齢化率が2倍。台湾に外国人介護従事者が25万人いるのなら、日本に100万人いてもおかしくない。それなのに、日本には2000人しかいないのです。

日本では、介護現場に外国人が入ってくることに反発している人たちがいます。介護スタッフの中には、アジア人と一緒に働くことへの抵抗がある人もいるでしょう。

台湾でこれだけ外国人介護従事者がいるからといって、問題が起きているかというと、そんなことはありません。

台湾では外国人は10年の滞在許可を取るのがそれほど難しくないそうです。ところが日本に外国人が滞在しようとすると、ビザは1年、2年の小刻みです。

介護現場の人材を日本人だけで獲得するのはほぼ不可能。いかに外国人を活用するかが問われています。

東南アジアの人たちの介護技術は高い

高齢者の人たちの方が、若い人たちより外国人に対する抵抗感があるケースが多いようです。しかし、今後、外国人が介護の世界に入って来るようになると、恐らく外国人に対するアレルギーのようなものは薄らいでいくでしょう。むしろ、「外国人が好き」という高齢者が増える気がします。

というのも、東南アジアの若者たちには、日本の若者たちが失ったハングリーさや情熱があるからです。「親の面倒を見ないといけない」「弟や妹のために稼がないといけない」といった若者も多い。親を敬い、家族を思う気持ちは、日本人以上かもしれません。

実際、たとえばフィリピンの人たちは介護のレベルが高い。それはなぜか。大家族の中で、おじいちゃんやおばあちゃんの面倒を日常的に見ているからです。

フィリピンからこの5年間で100人の介護人材を連れて来たある会社の社長の話では、これまでクレームはゼロだそうです。日本語教育などで苦労はあるそうですが、介護現場に就職した後は、クレームが1件もないというのです。むしろ評判がいいので、リピートのオーダーが多いとのことでした。

今後、介護現場で東南アジアの人たちが大きな戦力になるのは間違いないでしょう。

ネックは日本語力の育成

外国人労働者を受け入れるにあたって、今、一番の課題は日本語です。

技能実習生らはほとんどが高卒です。大卒が多くて経済的に発展した韓国や中国、台湾の人たちは単純作業をしに日本に来たいとは思いません。単純労働のために日本に来るのは、ほとんどが東南アジアの人たちです。


しかし、東南アジアは非漢字圏。日本語の壁がとても高いのです。

これまでの技能実習生は、日本語ができなくてもそれほど困りませんでした。というのも、実習を受けるのが工場や農業、漁業で、行うことは単純作業だったからです。言葉がわからなくてもこなせる仕事内容でした。

ところが、介護や宿泊施設でのフロント業務といった仕事になると、日本語がわからないと務まりません。コンビニのレジ打ちもそうです。ある程度の日本語ができなければ、対応することができません。

介護も、おじいちゃんやおばあちゃんと会話しなければいけません。そうなると、日本語を話せる外国人を育てなければならないのです。

ただ、努力して日本語を身につけたからといって、介護現場の賃金が高いわけではありません。給料が変わらないなら、高い日本語力を求められない工場で働いていたほうがいい、という外国人も多いようです。

たとえばフィリピン人なら英語が身についています。プラスアルファの外国語を覚えなくても、ヨーロッパでも香港でもどこでも通用するわけです。日本に来るとなると、日本語を覚えなければならない。これが、日本が人を呼び込むときの不利な点です。

こうしたことを見越して、すでに日本の大手企業がベトナムやフィリピンに進出して、日本語ができる介護人材の育成を始めています。

ドイツも短期労働者の受け入れから始まった

アジアからやって来る技能実習生は、まじめでやる気のある人材が多いのも特徴です。2~3年実習を受けると、大きな戦力になります。

先日、とあるテレビ番組では、建設現場で3年目の技能実習生のベトナム人が、日本人にノウハウを教えていました。ベトナム人が先輩で、日本人の後輩たちが慕っているわけです。

3年間の研修を終えて、いざ国に帰るとなったとき、後輩の日本人たちが「帰らないでください」と涙を流していました。「だけど私はベトナムに帰らなければいけない」と帰っていくのです。

技能実習生の中には、職人の技術を日本人に日本語で教えられるレベルにまで成長している人がいます。社長からすると、帰ってほしくない。しかし、日本の制度上、帰さざるをえない。

会社がどうしても欲しい。本人も残りたい。しかし、引き剥がさがれるという問題が今の技能実習生の制度にはありました。

49ページの図のように、今回の入管法改正によって、技能実習生が特定技能1号へと移行して、さらに最大5年滞在を延長できるようになります。

安倍政権は、今回の入管法改正を「移民政策ではない」としています。

ドイツの歴史を見ると、日本と同じように、当初は「移民政策ではない」と言って、トルコ人らを短期労働者として受け入れてきました。ところが現場では欠かせない人材になってきたため、ルールを変えて、残れるようにしてきました。さらに、家族を呼べないのはかわいそうだという話になり、家族を呼び寄せられるようにしたのです。そして外国人労働者がドイツ国籍も取れるようになり、今では彼らは移民になっています。

国の未来の姿を議論すべきとき

日本の技能実習生は家族を呼び寄せられません。改正入管法で創設された特定技能1号は在留期限が通算5年で、家族の帯同を認めません。2号は家族を呼び寄せられます。

家族を呼ぶか、呼ばないかというのは大きな問題です。在留外国人に参政権を与えるか、与えないかという問題もあります。

「後藤さん、参政権を外国人に与えるべきですか?」とたまに聞かれます。それこそ外国人が1000万人になれば、一大勢力になります。そういう社会を目指すべきかは、慎重に議論すべきです。参政権の問題は非常にデリケートな問題です。

今後の外国人の受け入れを見越して、もう一度、日本の社会・国をどうするか。本気で考えていかなければなりません。

短絡的に、外国人はいい、悪い、と議論している場合ではありません。

どういう国にしていくべきか、長期的なビジョンを見直さなければならないのです。

「外国人だからモラルが低い」のウソ

日本人よりも外国人の方が、モラルが低いと思っている人が多いようです。外国人が増えると治安が悪化すると危惧する声も聞かれます。

本当にそうでしょうか？

日ごろから外国人と接している私の実感としては、外国人だからモラルが低いということはありません。


また、彼らは決して頭が悪いわけでもありません。

というのも、日本に住む外国人はある程度、選ばれて来ている人たちだからです。お金や学歴といったフィルターを通って日本に来ています。もし、何か問題を起こしてしまうと母国に強制送還されるという弱い立場でもあるのです。

日本に住む外国人は、日本に悪さをしようと思って来たわけではありません。大半の人は、日本に憧れて、日本が好きで来ています。

私はそのことをポジティブにとらえています。そういった人たちが日本に来てくれて活躍してくれること。日本を本当に好きになってくれること。友人をつくって、国に帰って、日本という国のファンを増やしてくれること。こうした一つ一つが日本の国益につながってくると私は考えています。

ゴミ出しマナーが悪いのではない

「外国人はマナーが悪い」というのも、よく耳にします。代表例が、外国人のゴミ出しマナーの悪さ。

多くの場合、マナーが悪いのではありません。単に外国人がゴミの出し方を知らないだけなのです。

燃えるゴミや燃えないゴミ、容器包装プラスチック、缶、ビン……など、日本のゴミの出し方は複雑です。しかも曜日によって出すゴミが決まっています。自治体によって出し方も違います。日本に来たばかりの外国人が、ゴミ出しについてのマニュアルをポンと渡されて、これだけ複雑なゴミの出し方を理解できるでしょうか？　まず無理です。

ゴミ出しのことは、ていねいに教えてあげればいいだけの話です。それくらいはサポートしてあげるべきだと思います。

これは外国人側の問題だけではありません。むしろ受け入れた側の私たちの問題でもあります。

教えてあげれば、ほとんどの外国人は次からルールを守ってゴミ出しするようになります。さらに同郷の友達にも「ゴミはこうやって出すんだってよ」と口コミで伝わっていくことでしょう。

そのためのインフラをつくるのは、私たち日本人の役目だと思います。

1人いくらか、それとも1部屋いくらか

不動産がらみでは、外国人の入居者が友達と一緒に住んでしまう、というトラブルもあります。本来はこれは、してはいけないことです。オーナーさんや管理会社に説明して、許可をもらわないといけません。しかし、外国人からすると「家賃6万円払ってこの部屋を借りているのに、なぜダメなんだ?」となるのです。

これも商習慣の違いです。
たとえば日本では多くの場合、ホテルや旅館は1部屋前提で借りるわけではありません。1人いくらです。ところが海外では1部屋いくらという、空間貸しが基本的なルールになっています。これだと何人入れても同じ値段です。日本には夕食・朝食付きの旅館文化というものが根付いているからでしょうか、家賃の考え方も1人いくらに設定されているのだと思います。

外国人は転貸をすることも多いです。これは借主が別の人に貸してしまう「また貸し」の

ことです。

今はそんなことはありませんが、私がこの仕事を始めた初期のころは、特に韓国人の転貸が多かった。というのも、韓国ではまた貸しがルール違反ではないからです。

韓国では2年の賃貸契約を結んだら、住もうが住むまいが2年間分は家賃を払わなければなりません。1年間だけで引っ越そうと思ったら、残りの1年分の家賃も払わなければならないのです。

日本なら多くの場合、1か月前に予告すれば退去できます。韓国ではそれができません。自分は住んでいないのに、1年分の家賃を払うのはもったいない。それで、次の入居者を自分で連れて来るのです。オーナーさんに対して「この人を代わりに住まわせます」と言うわけです。

これが韓国での正しいルールなのです。

しかし、日本ではこれは転貸といわれトラブルになります。オーナーさんや管理会社が発見すると、「キムさんという人に貸したのに、パクってお前、誰だ?」となるわけです。パクさんは悪いことをしているつもりはないので「いやいや私、前の人から許可をもらって住んでいます」と説明します。

保証金の考え方も日本と韓国では違います。

韓国では、オーナーさんや管理会社に保証金を払うのは前の入居者ですが、退去のときに次の入居者が受け取れるのです。日本では当然、契約者である前の入居者にしか返しません。「保証金を返してほしい」と言っても、「キムさんには払うが、パクさんには払わない」となるわけです。

パクさんは居住権もない。保証金も返ってこない。それで追い出されてしまうわけです。

韓国と中国の賃貸事情

そもそも、日本と外国では賃貸制度が異なります。

韓国には、チョンセ（伝貰）という昔からの独特の賃貸システムがあります。これは、500万円や1000万円といった高額の保証金を納めますが、月々の家賃はゼロ。退去するときには、この保証金を全額返してもらえます。それでは大家さんはどうやって収入を得るかというと、保証金を運用するわけです。

いらないベッドやテレビなどを置いて出て行けば、それらを処分するのはオーナーさん。使いたい物があればオーナーさんがそのまま使ったり、次の入居者へのサービスにしたりします。

ところがこのチョンセというシステムが社会問題になりました。経済が急成長していた時代なら運用益を得られたのですが、先進国になり、成長が鈍化すると、期待以上の利回りを取れなくなったのです。運用に失敗するオーナーさんが続出しました。

その結果、入居者が退去するとき、保証金を返せないオーナーさんが出てきたのです。そこで、最近は日本のように毎月家賃を取るウォルセ（月貰）契約というシステムに変わってきました。

ただ、韓国には保証人という制度は存在しません。一般住宅の家賃では賃料の10か月分くらいを一括で納めます。たとえば5万円の部屋を借りるとなったら、50万円を先払いするわけです。日本と同様、ある程度居住権は保証されています。

中国も保証人はいりません。保証金も取りません。ただ、オーナーさんの権利が圧倒的に強い。入居者が滞納したら、すぐに「出て行け！」と追い出されます。

日本や韓国は、オーナーさんが入居者を追い出せない。そうなると、住み続けたいのなら入居者にお金を積んでもらうか、保証人もしくは保証会社でカバーしてもらうか、この2つの方法しかないのです。

日本のルールを教えてあげればいい

日本で外国人の入居者とオーナーさんや管理会社がトラブルになったとき、多くの場合はどちらも悪意がありません。例えば、韓国人は、韓国の常識に従って、当たり前のことをしただけです。片や日本のオーナーさんや管理会社も日本のルールに則って対応しています。どちらもお互いのことを知らないだけなのです。

こうしたときに、私たちGTNが間に入ることがあります。「韓国は実はこういうルールなんです」と説明するわけです。すると、オーナーさんや管理会社の人たちは「ああ、そうなんだ」とわかってもらえます。韓国人に悪意があるわけではないことを理解してもらえます。

そうしないと、「外国人に部屋を貸すとロクなことがない」となってしまいます。

国によってマナーやルールは違います。それは当然です。それを優しく教えてあげればいいだけです。日本に来ている外国人は学ぶ気があります。こちらが彼らが日本で暮らしていくのに必要な知識を教えてもいないのに、「あいつは日本語が下手だ」「こんなこともわかってない」と言っているだけなのです。

「外国人だからダメ」というのは、その人、個人を見ていません。そもそも、外国人がダメというのは、日本人以外の全員、七十何億人を否定することになってしまいます。

外国人からのSOSも多い

外国人の入居中のトラブルは沢山あります。しかし、オーナーさんや管理会社からのクレームばかりではありません。半分くらいは、外国人入居者からのSOSです。

外国人が部屋を借りて、最初にぶつかる壁が「お湯が出ない」といったものです。ガス会社に連絡して、開栓に立ち会わないとお湯が出ません。日本人ならこういった手続きを大したことがないと思うかもしれません。

しかし、そもそも手続きが必要なことを知らず、すぐに解決できなかったとしたらどうでしょうか？　特に冬場にお湯が出ないのはつらいことです。GTNに「お湯が出ない！」とSOSが入ったとき、「ガス会社に連絡しましたか？」と聞くと、「していない」と。そこでGTNの方でガス会社に連絡して、開栓の立ち会いもコーディネートします。

私はこれを「電気・ガス・水道のセットアップ」と呼んでいます。水は最初から出ますが、一番の問題はお湯。電気のブレーカーや浴室乾燥機の問題もあります。「それ写真に撮って、見せて？」と頼んで、「それは浴室乾燥機よ」と伝えると、「何のために付いてるの？」「洗濯物も干せるよ」「ああ、そうなんだ」とわかってもらえます。

宅配ロッカーもエアコンも、使い方はほとんど日本語で書かれています。それではわからなくて当然です。

入居中にもいろいろなSOSが舞い込みます。「エアコンが壊れた」「隣の部屋がやけにうるさい」「変な日本人が来る」といったものです。例えば「変な日本人」とは、新聞の勧誘やNHKの契約の人だったりするわけです。

「何だかよくわからないけど、お金が引かれている」というのもあります。よくよく聞くと、テレビのBSに契約していたりします。「郵便ポストにこういうのが入っていて大事そうなんだけど、読めない」「町内会費は払わないといけないのか?」といったものもあります。

写真を撮って送ってもらい説明します。今はスマホがあるから説明するのも楽になりました。

退去の際のフォローも不可欠

入居時のフォローにプラスして、退去のことも教えてあげなければなりません。

解約の仕方で一番大事なのは、解約書面をきちんと出すこと。そうしないと解約したことになりません。

鍵も返さなければなりません。

退去のときは、ゴミ1つ落ちていないようにするのがポイント。できれば雑巾がけをして出て行く。できるだけきれいにしたほうが敷金が返ってくるからです。部屋の中でたばこを吸っていると、むしろ敷金より多くお金を請求される場合もあります。

契約時に、たとえば敷金を10万円預けていたとします。これが返ってくると思って、当てにしているわけです。しかし、日本では、返ってこないことも結構多いものです。

外国人が言うデポジットとは、全額返ってくるものです。そもそも韓国では原状回復はオーナーの責任であって、入居者に責任はありません。外国人は、デポジットが返ってこないことに納得できません。むしろデポジットに加えてさらに5万円払えと言われることもあるわけです。

そこでGTNが間に入って、「たばこを吸ったでしょ。黄色く変色した壁紙を入居者負担で張り替えるのは日本で常識。これは仕方がない」と説明します。

ただ、場合によっては不動産会社が余計に請求していることもあります。経年劣化なのに、入居者の負担にさせようとするケースです。修繕の平米単価が高いこともあります。GTNには敷金診断士という資格を取っている外国人スタッフも多いので、そういうときには、彼らが間に入って交渉をします。

携帯電話の義務化に向けて

日本に住む外国人には、携帯電話の壁もあります。
第4章で携帯電話の割賦制というガラパゴスルールについて触れましたが、技能実習生のほとんどが携帯電話を持っていないという問題があるのです。スマホを持つとお金がかかるというのもありますが、技能実習生同士の横のつながりができて、情報収集されるのを受け入れ先が嫌がる面もあるようです。

こうした現状を見かねて、政府は外国人の携帯電話契約の支援を義務化すると打ち出しています。

今や日本における携帯電話の普及率は90%以上。そうなると、水道やガス、電気と同じ生活インフラです。外国人を受け入れておいて、部屋も貸さない、携帯電話も持たせないでは、やはりおかしい。
金融機関での口座の開設も促進していくというのが政府の方針です。
外国人にとって住みやすい日本にしていくという大転換です。

日本人では採れないレベルの人材を採用

この人手不足の時代、日本ではなかなか優秀な人材を採用できずに困っている中小企業も多いです。外国人を雇うことに興味があっても、なかなか一歩を踏み出せないケースもあるでしょう。

やる気満々で優秀な外国人。片や仕事に対するモチベーションの低い日本人。両者がいた場合、現在の日本では後者を採用しているのです。私が経営者としてどちらを採用するかといえば、間違いなく前者です。

優秀な外国人がいるから日本人が正社員になれない、なんていう議論もありましたが、その議論自体が、おかしな話だと思います。

日本の競争力を維持していくためには、そんな選択は絶対にありえません。優秀な人が欲しい。やる気のある人が欲しい。会社を好きになってくれる人が欲しい。これが経営者の考えです。

日本人だから日本人を雇えという議論をしているうちは、国際社会では勝てません。

現在、GTNのスタッフは約200人で、このうち約140人が外国人です(2019年2月)。出身国は19か国に上ります。採用条件は3か国語ができること。ほとんどのスタッフが最低でも母国語と日本語ともう1言語ができます。日本人だけでこれだけ言語力の高いスタッフを集めようとしても、絶対に無理です。日本に留学している外国人だからこそ、これだけ言語力の高い人材を採用できるのです。

しかも外国人はモチベーションも高い。日本語学校時代を含めて、6年間、アルバイトと学業を両立しながら頑張ってきた留学生が多い。学費も生活費も自分でバイトして捻出しているわけです。そうした生活を経てGTNに入社した外国人に聞くと、「本当に大変でした」と振り返ります。

「学生時代は勉強も仕事もしなければなりませんでしたが、それに比べると就職した今は、仕事だけに集中すればいいので、生活は断然楽になりました」と言うのです。

意識の高い外国人たちが元気に働いている職場は、日本人にとっても魅力的です。すると、モチベーションの高い日本人も採用しやすくなるのです。

いい相乗効果が生まれます。

外国人を雇うとき、日本人のやり方を一方的に押し付けてしまうと、なかなかうまくいきません。よく言われているように、大切なのは「ダイバーシティ（多様性）」。国籍や性別にかかわらず、誰もが活躍できる職場づくりを目指すべきです。ダイバーシティは会社の活力になります。

同じような人間が集まると、同じような考え方しか出てきません。そうなると、社会の変化に対応できません。むしろ異なる考えや価値観を持つ人たちが集まった方が、強い組織ができるのです。

私はよくこのことをロールプレイングゲームのドラクエにたとえたりします。メンバーの全員が戦士では、勝ち進むことができません。勇者も僧侶も魔法使いも必要です。野球もそうです。ホームランバッターだけを集めても勝てません。強いチームには、足が速い選手、バントが得意な選手、守備が得意な選手など、いろいろな選手がいます。

これからの時代、多様な人材を集めてこそ、会社が成長していくのです。

外国人を採用するなら、複数人を同時に

日本でも、大手グローバル企業では外国人と一緒に働くことが当たり前になりました。ITベンチャーでも、優秀な外国人留学生を積極的に採用する企業が増えています。

しかし、まだ外国人を雇ったことがない中小企業は、不安もあるでしょう。

外国人を受け入れたことがない企業ほど、日本人と同じような外国人を取りたがります。日本人に近い日本語力を身につけ、日本人のマナーを知りつくしているような、ほぼ日本人化した外国人です。高校から日本に留学しているような人材です。そうなると、採用の選択肢が極めて狭くなってしまいます。

しかも1人だけ採ろうとします。これではうまくいきません。

想像してみてください。仮に自分が中国に留学して、せっかくだから中国の会社に就職したいと思ったとします。そのとき、職場に日本人が1人だけでは心細くありませんか？ 3人同時、せめて2人でも同時に雇ってくれたら、安心するはずです。

たった1人だけ外国人を雇って、うまくいかないと「やっぱり外国人は」となるでしょう。そうならないために、最初に複数人を一気に採用したほうがいいと思います。

ある不動産会社の社長が、これまたとある地方の地元で有名な不動産会社の会長から「外国人を1人雇ってみようかな」と相談されたそうです。そのとき、社長は「1人きりではダメですよ。10人ぐらい一気に入れなきゃ」と話したそうです。

すると、それを聞いた会長はごっそり外国人を採用したそうです。もちろんうまくいっています。そして会長のところで働いている外国人たちは、日本人でも取得するのが難しい宅建の資格を、半分以上が取得したそうです。

外国人留学生は、日本で就職するのが簡単ではありません。だからこそ、「君をぜひ採用したい」と言われたら嬉しいでしょう。モチベーションも高くなるというものです。

そうした外国人が一人前に育てば、次に続く外国人の後輩の面倒を見てくれます。今後の軸になる先輩を育てることが大事です。

GTNの社内公用語は日本語

日本人化していない外国人をごっそり雇うとなると、言葉の問題が頭に浮かぶかもしれません。大手企業の中には、社内公用語の英語化を進めているケースもあります。

では、社員の約7割を外国人が占めているGTNの社内公用語は、何語だと思いますか？

答えは日本語です。

社内では誰もが日本語で話すのがルールです。中国人同士でも、韓国人同士でも、日本語で話をしています。

もし、中国人同士で中国語でヒソヒソ話をしていたら、ほかの国の出身者はどう受け止めるでしょうか。「何を話しているのだろう?」「私の悪口では?」と疑心暗鬼になるはずです。職場の人間関係がギスギスしてしまうことでしょう。そうならないように、みんながわかる日本語で話すことをルールにしているのです。また、共通言語があった方が、情報の共有がしやすいというのもあります。

そもそも、日本に留学して、日本でそのまま働きたいと思って入ってきてくれている外国人ですから、日本語を使うことに何の抵抗もないのは当然です。

留学生の学歴は、学力と比例しない

ＧＴＮで次のようなことがありました。

偏差値があまり高くない日本の大学に通っている中国人留学生たちをアルバイトで何人か採用したところ、驚くほど優秀だったのです。

もちろん、偏差値と優秀さは必ずしも比例するものではないですが、聞けば、中国では有名な入学の難しい大学に通っていたそうです。そこの学生はもちろん優秀。その中国の大学が、日本であまり難しくない大学と姉妹校でした。３年次からその日本の大学に編入できる制度があるそうです。自分の大学の姉妹校だから、きっとレベルが高いに違いない。そう思い込んで留学してみて、びっくり。思っていたイメージとは違ったのです。

来日して1年も経たない3年生の後半に就職活動が始まります。しかし、友達も少なく、情報も少ない。通っている大学は、企業からの評価も低い。これでは思うような企業に就職することができません。

日本に古くからある学歴社会を知った彼らは、最終学歴をその大学にしたくないと言い出しました。その結果、全員が大学院に進学したのです。それも、東京大学や一橋大学、早稲田大学など一流といわれる有名大学の大学院に入っていきました。

彼らは大学院に通いながら、そのままGTNでバイトを続けてくれました。

有名大学の大学院まで行くと、就活での企業からの扱いが一変します。会社説明会に行くと、大手企業から次々とオファーが来るのです。門前払いされていた2年前も同じ人間。ところが、東大大学院修了に肩書きが変わるだけで、その留学生に対する企業の見方がガラリと変わってしまうわけです。声がかかるのは、それこそメガバンクをはじめ、一流企業ばかりです。たまに、大手総合商社の内定を蹴って、GTNに来てくれるような留学生もいますが。

このように、留学生は必ずしも日本での学歴と学力が比例しません。なぜなら日本の大学の偏差値をそれほど気にせずに来日する学生が多いからです。彼らは日本語力もレベルが高い。日本語能力試験でN1くらいです。N1とは、英語のTOEICでいうと800点かそれ以上のレベルでしょうか。

日本の大学には埋もれた優秀な留学生がたくさんいるのです。

日本はモテ期

アジアの人たちの間で、日本は人気があります。大人気です。

日本はかつてほど政治的にも経済的にも影響力のある国ではなくなりました。相対的に地位は低下しています。それでも、アジアの人々にとっては憧れの的。

「日本に行きたい」という人が大勢います。

私の肌感覚では、アジアではまだまだ一番人気だと思います。

『スラムダンク』『NARUTO』『ワンピース』『ドラえもん』といった漫画が好きで日本

に興味を持つ若者がいます。ひと昔前も『おしん』や『風雲たけし城』といったテレビ番組がアジア各地で人気を博していました。

ところが最近は、コンテンツビジネスは韓国に押され気味。コンテンツビジネスの将来性に気づいた韓国政府は、国策としてコンテンツ産業を世界中に発信しました。

無料、もしくは安価でコンテンツを流して利益化は後に、というのが今の時代の流れです。課金する前に、無料か安価でまずはアーティストの名を世界的に知らしめてしまうというロールモデルを先んじて進めています。韓国には世界的に人気なミュージシャンも増えてきました。

とはいえ、アジアの人たちにとって韓国が憧れの国かといえば、総合的にはまだ日本ほどではありません。

政治や経済では中国の存在感が圧倒的に大きくなりました。しかし、中国に憧れる人が多いかといえば、まだそんなことはありません。

まだまだ日本はアジアの人たちの憧れの存在。

せっかく日本が大好きになって、わざわざ日本に来てくれた人たちがもっと暮らしやすい日本社会をつくっていくべきだと私は考えています。

誰の人生にも一度か二度は、モテ期があるはずです。しかしモテ期は人生でそう何度も来ません。

今、日本はモテ期。

モテ期に横柄な態度を取ってしまうと、「あいつ、なんだよ」と総スカンを食らってしまいます。モテ期だからこそ、モテていることに感謝すべきだと思います。

第6章

アジアからアセアン、さらにその先へ広がる出身地～国別の来日事情

アジアからアセアン、さらにその先へ広がる出身地
〜国別の来日事情

90年代から中国人留学生が増加

日本にはなぜ、これほど外国人が増えてきたのでしょうか。留学生の歴史を中心に振り返ってみましょう。

日本の留学生が増えるきっかけになったのは、中曽根康弘内閣が発表した「留学生10万人計画」でした。１９８３年のことです。これは、21世紀初頭までに留学生を10万人受け入れるというものでした。当時、日本にいた留学生は国費留学生を中心にわずか１万人程度。日中関係を重視していた中曽根首相は、中国からの留学生受け入れにも力を入れはじめました。

１９８０〜90年代は韓国からの留学生が中心でしたが、この政策によって90年代の半ばくらいから中国人留学生が増えてきました。

総留学生数は2003年に10万人を突破します。

2008年には、福田康夫首相（当時）の掛け声によって「留学生30万人計画」が策定されました。

こうした政府の後押しを受けて、留学生がさらに増えてきます。136ページの図にもあるように震災の後、一時的に減少しましたが、常に増加傾向にあるのがわかります。このころは韓国、中国、台湾で全体の約80％以上を占めていました。

中国の都市部では冷めた日本熱

2000年から09年ごろまで、中国では日本への留学が大人気でした。日本に留学したい若者が沢山いましたが、倍率が高く、狭き門だったのです。そこに若者たちが殺到していました。倍率は10倍を超えるほどでした。

ところが今はかつてほどの人気がなくなりました。ある程度の要件を満たし、希望をすればほとんどの人が来られるような状況になりました。

留学生の推移

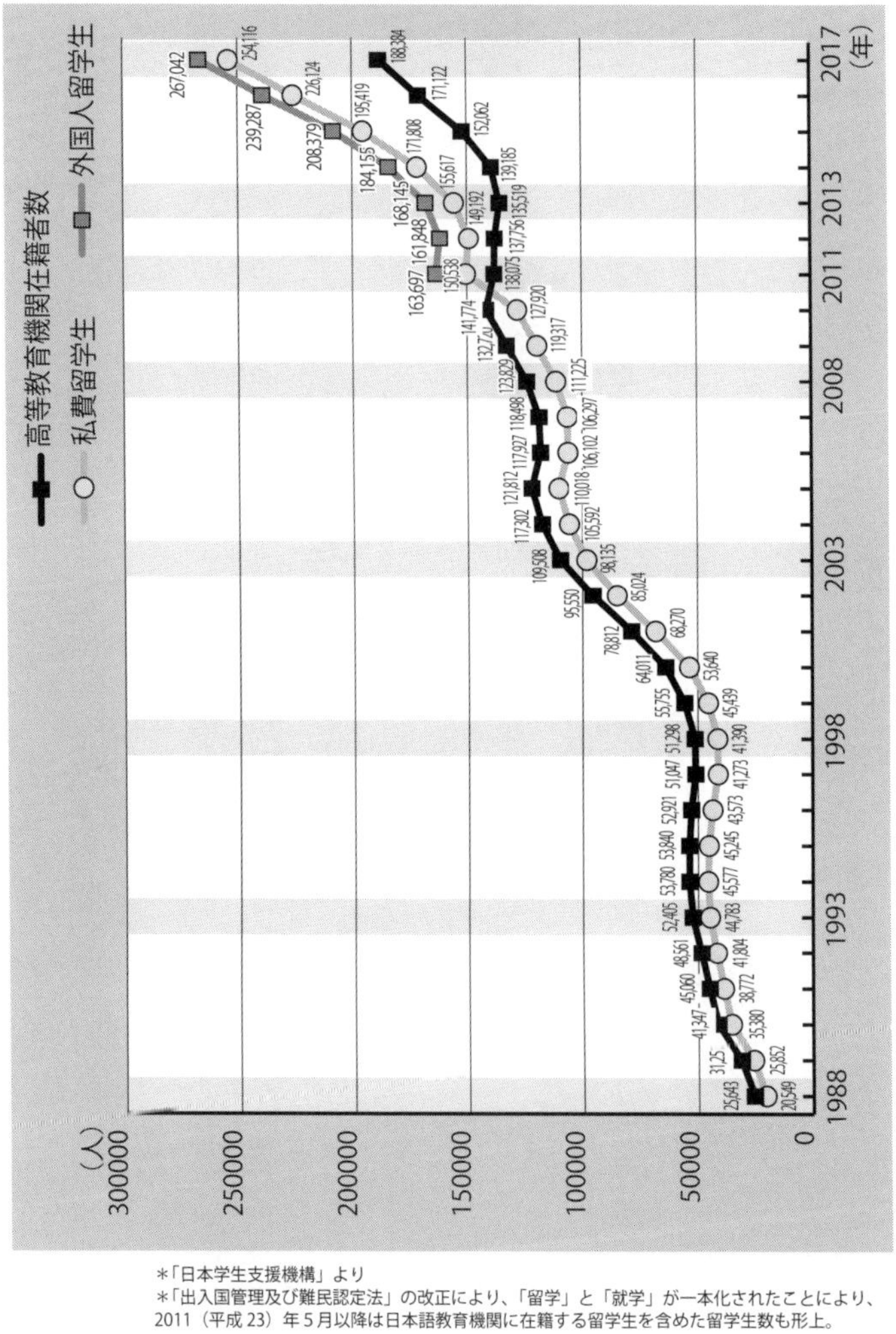

＊「日本学生支援機構」より
＊「出入国管理及び難民認定法」の改正により、「留学」と「就学」が一本化されたことにより、2011（平成 23）年 5 月以降は日本語教育機関に在籍する留学生を含めた留学生数も形上。

上海にある国営の留学エージェントの方と話したときのこと。２００８年〜09年ごろは、日本留学の説明会を開くと、８００人近くもの学生が集まったそうです。ところが今は50人程度。上海で日本に行きたいという人は珍しくなってしまったそうです。

当時は、上海などの都心部のエリートも日本に来たいと言っていました。

ちなみに私が中央大学の学生だったとき、清華大学などの有名大学から留学してきた中国人が沢山いました。清華大学といえば、北京大学と並ぶ中国の最高峰。世界でも有数の名門大学です。それなのにわざわざ日本に留学してきていたのです。それほどの魅力があったというわけです。

しかし近年の中国の都市部の発展は目覚しい。中国の都市部のエリートは給料も高い。わざわざ日本に留学するメリットが薄れてしまったのです。

ただ、中国は都市部と農村部の格差が桁違いに大きいのです。農村部はまだまだ給料が安い。いい仕事につくことも難しい。上海に出ようにも自由に出られません。

というのも、中国には農村戸籍と都市戸籍という二重戸籍制度があるからです。日本はどこに住もうが完全に自由ですが、中国では農村戸籍の人は大都市に住むのが制限されています。

わかりやすく言うと、農村部の中国人は上海に住むのに〝ビザ〟がいるわけです。農村部の人は、よほど優秀でなければチャンスに恵まれません。

農村部の人にとってみれば、上海に出るよりも、むしろ日本に出てしまったほうがチャンスがあるというわけです。日本なら、四川省だろうが福建省だろうが、上海だろうが、出身地に関係なく留学することができます。日本人から出身地別に色眼鏡で見られることもありません。

お金の面でも、中国の農村部の人にとっては、上海より日本のほうが暮らしやすい面があります。

上海の給料は、平均すると月15万円前後。ところが、運良く〝ビザ〟が下りて上海に住めたとしても、飲食店で働くと月給6~8万円。上海は家賃が高いので、これではまともな家に住めません。ファーウェイのように、新卒でいきなり月給40~50万円という高給なケースもあります。それに比べて月給6万円はあまりに格差が大きい。

日本は世界で一番成功した社会主義国家だといわれることがあります。日本も業界によって賃金に格差はあります。しかし、新卒の月給は、飲食業だろうが製造業だろうが、ＩＴ企業だろうが、さほど大きく変わりません。どこも20万円台です。職業に関係なく、真面目に働きさえすれば、取りあえず生活ができる国です。

これは日本という国の素晴らしい面でもあると私は思います。

ベトナム人留学生が10年で20倍以上に

このところ際立って増えているのがベトナム人留学生です。

２００４年はわずか１５７０人でしたが、２０１５年には2万６４３９人となり、韓国を抜いて2位に躍り出ました。２０１７年には6万人を突破しています。ここ10年で20倍以上増えているのです。

ベトナム人留学生が増えたのはなぜか。

「チャイナ・プラス・ワン」の影響があると思います。

これは、中国に生産拠点を集中させていた日本企業が、リスクを回避するために中国以外に分散投資する戦略のこと。中国では、2005年に大規模な反日デモが起きました。今後、また同じような反日デモが起きるかもしれません。中国の都市部は賃金も高騰しています。かつてより、中国に生産拠点を置くメリットが薄れてきたのです。

そこで、新たな投資先として注目されたのがアセアン諸国。

とりわけベトナムなどのアセアン諸国へ進出する企業が急増しました。日本のIT企業はかつて安い賃金を求めて中国企業にプログラム開発を委託する「オフショア開発」が盛んでした。これも今はベトナムなどへとシフトしています。

日本企業がこぞってベトナムへ進出した影響で、現地では日本語ニーズが急上昇しました。現地で日本の存在感が高まり、日本に留学する若者も増えたのです。

近年の問題として、現地エージェントに日本の学校が払う手数料の値上がりも見逃せません。現地の留学エージェント（いわゆるブローカー）は、日本への留学を希望する学生を抱えています。多くの学生を抱えるエージェントは、日本の学校に対して手数料の値段交渉を始めるのです。紹介した学生の手数料をいくらくれますか、と。A校が「10万円払う」と言っても、B校から「15万円払うからうちに」と言われると、B校に留学生を送り込むわけです。すると、次に「20万円払います」というC校が出てきます。こうやって価格が高騰していきました。最初のころは受け入れ側の学校のほうが強い立場でしたが、近年は日本語学校の急増により、徐々にエージェントの力が強くなっています。

とはいえ、学校側は学費を60〜80万円しか取っていないのに、そのうち20万円をエージェントに渡すのは痛い。優良な学校ほど、そんな価格競争に付き合いたくない。「だったらもういいよ」となるわけです。結果、韓国で手数料が上がると、エージェントは中国へ移り、中国でも手数料が上がるとベトナムのハノイへと移っていったのです。

日本とベトナムは元々友好国。ですからビザが出やすいのです。それもあってベトナムでは日本留学バブルが起きています。

ベトナムでは、今や日本語が英語と同じくらい人気です。第二外国語のような扱いになっています。

そうした状況の中で、中国人エージェントがボロ儲けしているとわかれば、現地の人たちが黙っていません。ベトナム人による留学エージェントも次々と立ち上がりました。今では何百社とあるようです。

悪質ブローカー対策は不可欠

現地の留学エージェントは、留学希望者を集めて日本に送るのがビジネスです。人を集めるために、いいことばかり言うのです。「日本に行けば成功できるよ」「給料もいっぱいもらえるから借金も返せるよ」と。そうした口車に乗せられて来日したベトナム人が後を絶ちません。

ところが、来日してみると、「こんなはずじゃなかった」となることも。というのも、ベトナム人の多くは日本語能力試験のN5レベルで来ています。これでは日本でアルバイトするのも難しいレベルです。

日本に行けばなんとかなると思っていたら、どうにもならない。

しかも、彼らは日本に来るために借金をしている人もいます。実家の不動産を担保にしてお金を借りているケースも多い。返さなければ、家ごと持っていかれます。そうなると最終的には一家破産です。

今回の入管法の改正に伴い、政府は悪質ブローカー対策の強化も打ち出しています。第三の開国を機に、安心して来日できる仕組みづくりがこれまで以上に求められているのです。

アセアン、そしてその先へ

韓国から中国、そしてベトナムへと移っていったエージェント。さらに東南アジア全体へと日本への留学生の出身国は広がっています。

アセアン以外からの留学生も増えています。

たとえばモンゴル。

モンゴルは人口が約310万人しかいません。横浜市よりも少ない人数です。ただ、若い人が多い。1970年は約130万人、1980年に約170万人になり、1990年代は人口200万人と、それだけ人口が増えているのです。

そして日本語の習得能力が高いのです。モンゴル語は日本語と語順が同じなので、覚えやすいようです。

大学進学率も約65%後半と高い。日本の大学進学率が53%であるのを考えると、勉強熱心な国です。

アセアンのさらに西、ネパールやスリランカからの留学生も増えています。

ネパールは、2012年から2017年の5年間で2万4000人から8万人に増えています。3倍強です。

ただ、ネックはネパールは世界最貧国レベルの貧しい国のため、学費を払うのが簡単ではないこと。このため、学費の支払いに困ったネパール人の難民申請が増えました。ネパールに大規模内戦はありません。難民が生まれるような国ではないのです。

それでも、難民申請しているうちは、フルタイムで働けるというルールがあるため、これを利用しようと考えた人がいたのです。しかしこれは本来の難民申請とは意味が異なってきます。このため、今はネパールからの入国審査が厳しくなりました。

今後は、インドネシアやミャンマーからの留学生が増える可能性もあります。

第7章

GTNの今後の取り組み

ＧＴＮの今後の取り組み

学生時代に外国人の保証人を何人も引き受けていたこと。

これがきっかけとなって、私は外国人専門の家賃保証会社であるＧＴＮを立ち上げました。

その後、日本に暮らす外国人の生活を総合的にサポートする会社へと成長してきました。

ＧＴＮのサービスは、いわば「親代理業」。本国のご両親に代わって、ＧＴＮが日本の親としての役割を果たしたいと考えています。

8章では、ＧＴＮの取り組みを簡単にご紹介します。

事業紹介1　家賃保証&賃貸仲介サービス（2006年〜）

外国人向けの家賃保証サービスがＧＴＮの出発点。

これは、保証人なしに部屋を借りられるようにするもの。保証料をいただいて、親や兄弟といった保証人の代わりを担います。

日本の多くの不動産会社と提携し、保証を引き受けています。

また、外国人専門の不動産賃貸仲介も手がけています。

事業紹介2　外国人専門の人材紹介事業（2013年～）

外国人にとって、日本での仕事探しは簡単ではありません。

一方で、日本企業も優秀な外国人をどうやって探せばいいのか手探りの状況です。

そこで、GTNがここの両者を橋渡しする人材サービスを展開しています。

事業紹介3　携帯電話事業（2015年～）

日本の携帯電話の割賦制は世界でも珍しいスタイル。使い勝手のいいものではありません。そこでGTNが外国人向けのモバイルサービスを始めました。簡単に言うと、外国人専用の格安SIMサービスです。

大きな特徴は、ネイティブ言語でのサポート、契約期間の縛りがほとんどないこと、クレジットカードを持っていなくても契約できることです。コンビニでの決済が可能です。

事業紹介4　海外事業（2015年～）

韓国とベトナム（ハノイ・ホーチミン）、モンゴルに現地オフィスを開設して、日本への留学や就職をサポートしています。

住まいや携帯電話、仕事、クレジットカードといった日本で生活を送るうえで必須のアイテムを日本に来る前に現地で準備できるようにしています。

信頼できる日本の窓口をつくりたい

目標は、2030年までに世界中にアジアを中心とした30カ所以上の拠点をつくり、日本に来る外国人がしっかり準備をすることができる窓口をつくりたいと考えています。まずはサンパウロ、それからカトマンズやプノンペン、ヤンゴン、マニラ、ニューデリー、クアラルンプール、ムンバイ、シンガポール、ジャカルタ、シドニー、ダッカ、イスタンブール、タシュケント、モスクワなどへと拠点を広げていこうと考えています。

日本で生活している外国人にはさまざまなニーズがあります。住居や仕事、通信、金融、あるいは「車を買いたい」「結婚したい」「家を建てたい」「旅行したい」といったものもあるでしょう。近々、外国人専門の福利厚生サービスもスタートさせる予定です。

こうした都市の共通のプラットフォームになること。これがGTNが将来的に目指す姿です。

ＧＴＮを介せば、日本のどこへ行っても部屋を借りられて、スマホも使えて、お金も借りられる。日本に来て良かったを形にと言うテーマを実現すべく便利なサービスを創造していきたいと考えています。

あとがき

外国人との共生のために

平成が終わり、新しい時代が幕を開ける２０１９年。今、このタイミングで、日本社会は大転換期を迎えています。

多くの外国人を受け入れる社会へと舵を切ろうとしているのです。

欧米先進国を見ても、韓国や台湾といったご近所の国々を見ても、外国人を受け入れない、という選択肢はもはや存在しないと思います。外国人を受け入れるのが歴史の必然であり、世界の流れでもあるのです。

それでは、これから訪れる外国人との共生時代を、どのような心構えで迎えたらいいのでしょうか？

少し長いですが、天皇陛下が２０１８年12月のお誕生日に際し、記者会見で語られた言葉を引用します。

今年、我が国から海外への移住が始まって１５０年を迎えました。この間、多くの日本人は、赴いた地の人々の助けを受けながら努力を重ね、その社会の一員として活躍するようになりました。こうした日系の人たちの努力を思いながら、各国を訪れた際には、できる限り会う機会を持ってきました。そして近年、多くの外国人が我が国で働くようになりました。私どもがフィリピンやベトナムを訪問した際も、将来日本で職業に就くことを目指してその準備に励んでいる人たちと会いました。日系の人たちが各国で助けを受けながら、それぞれの社会の一員として活躍していることに思いを致しつつ、各国から我が国に来て仕事をする人々を、社会の一員として私ども皆が温かく迎えることができるよう願っています。また、外国からの訪問者も年々増えています。この訪問者が我が国を自らの目で見て理解を深め、各国との親善友好関係が進むことを願っています。

日本に外国人が住んでいるのと同じように、多くの日本人もまた、外国で暮らしています。その数、135万人といわれています。この100万人以上の日本人は、果たして現地で不便なく暮らせているのでしょうか。現地社会に溶け込んでいるのでしょうか。

私は、せっかく日本に来てくれた外国人には、日本を好きになってもらいたい。「日本は良かった」と思ってもらいたい。そんな思いから、これまでさまざまなサービスを立ち上げてきました。

GTNはすでに創業13年。不動産業界や在日外国人の間で存在感を高めてきましたが、まだ道半ばです。

あるアンケートによると、日本語学校を卒業した外国人留学生の8割は、日本人の友達が1人もいないそうです。何と悲しいことでしょうか。せっかく大切な時間やお金を使って日本に来ているのに、日本人と接する機会がほとんどないというのです。

これは留学生の責任ではありません。私たち日本人側の受け入れに関する意識の問題ではないでしょうか。

日本の大学を卒業した留学生の7割ほどは日本での就職を希望しています。ところが、現実の就職率は2016年で36％程度。日本で就職したくてもできない留学生が数多くいます。

日本政府は留学生の就職率を50％以上にするという目標を立てています。それでもまだ半分です。

「日本に来て良かった！」

「日本は素晴らしい！」

そんな日本ファンの輪が世界中に広がれば、日本の国際社会でのステイタスも高まるでしょう。

日本企業が海外に進出しやすくもなります。

日本に住む外国人の暮らしやすさを向上させることは、何も外国人のためになるだけではありません。

日本の未来のためにも大きなメリットがあるのです。

本書が外国人と共生できる社会づくりの一助になれば、これほど嬉しいことはありません。

2019年　3月

グローバルトラストネットワークス代表取締役社長

後藤裕幸

著者略歴

後藤 裕幸（ごとう ひろゆき）

1978年熊本県生まれ。2000年中央大学在学中に起業し、オンラインゲーム、ファッションサイトをスタートさせる。2003年有限会社ミューゲートを法人化し、代表取締役社長に就任。2004年アジアにおけるマーケティングリサーチ及び進出コンサルティングを行う株式会社ミューを設立し、代表取締役社長に就任。2006年株式会社グローバルトラストネットワークスを設立し、代表取締役社長に就任、現任に至る。

外国人と共生するニッポンへ

2019年3月18日〔初版第1刷発行〕

著　　者　後藤 裕幸
発 行 人　佐々木紀行
発 行 所　株式会社カナリアコミュニケーションズ
〒141-0031　東京都品川区西五反田6-2-7
ウエストサイド五反田ビル3F
TEL　03-5436-9701　FAX　03-3491-9699
http://www.canaria-book.com/
印 刷 所　株式会社クリード

取材・文／山口慎治
編集協力／長谷川 華
装丁・本文イラスト・DTP制作／津久井直美

ISBN978-4-7782-0450-1　C0034

カナリアコミュニケーションズの書籍のご案内

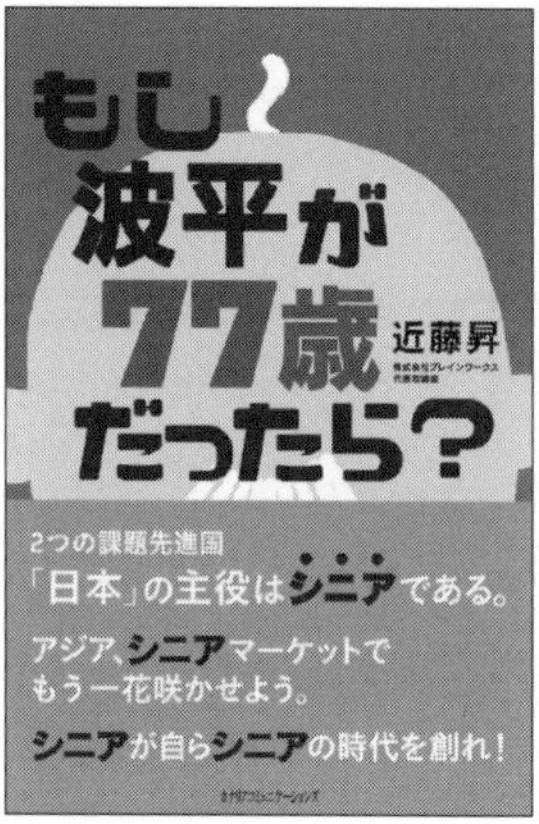

もし波平が77歳だったら？

近藤 昇 著

2つの課題先進国「日本」の主役はシニアである。
アジア、シニアマーケットでもう一花咲かせよう。
シニアが自らシニアの時代を創れ!

2016年1月15日発刊
1400円（税別）
ISBN978-4-7782-0318-4

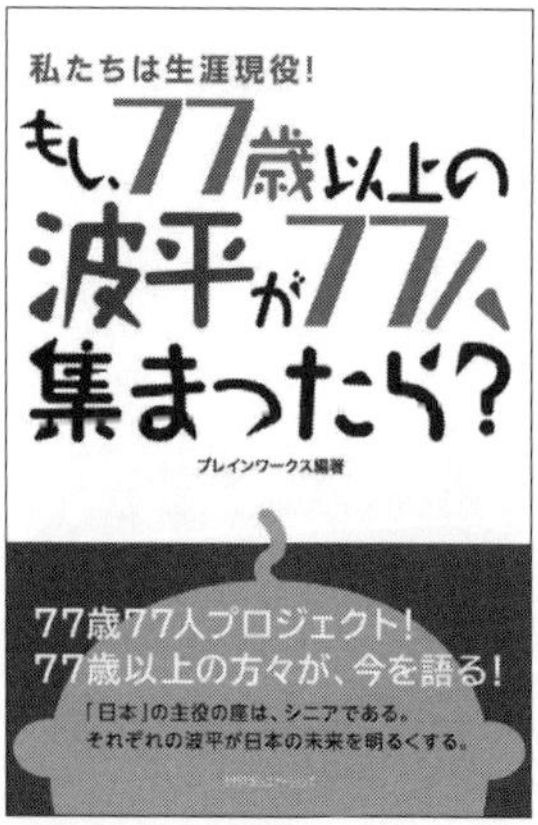

もし、77歳以上の 波平が77人集まったら？

ブレインワークス　編著

シニアが元気になれば、日本はもっと元気になる！
現役で、事業、起業、ボランティア、ＮＰＯなど
各業界で活躍されている
77歳以上の現役シニアをご紹介！
77人のそれぞれの波平が日本の未来を明るくします。

2017年2月20日発刊
1300円（税別）
ISBN978-4-7782-0377-1

カナリアコミュニケーションズの書籍のご案内

もし、フネさんが 70人集まったら？

ブレインワークス　編著

激動の時代をくぐり抜け、
戦後の日本を支えてきた70人のフネさんたち。
70通りの人生模様は、
愛と涙と笑いのエネルギーが盛りだくさん！。
生涯現役で「感謝」の気持ちを胸に抱き、
これからも元気をみんなに届けてくれる。

2018年2月10日発刊
1300円（税別）
ISBN978-4-7782-0414-3

食べることは生きること

大瀬 由布子 著

江戸時代から続く日本の伝統食、
発酵食品を食生活に取り入れて
糀のパワーで元気に健康に暮らそう！！
ごはん、納豆、味噌汁、旬の野菜を毎日の食卓に。

2018年5月30日発刊
1400円（税別）
ISBN978-4-7782-0434-1

カナリアコミュニケーションズの書籍のご案内

「暮らしの物語」

「暮らしの物語」編集委員会　編著

明治から今日までの一世紀半。
女性たちは暮らしに根ざした生活文化を支え、
知恵や技を脈々と受け継いできた。
家庭のありようも変容し、
地域の伝統や風習の多くも途絶えた。
何を残し、何を伝えていけばいいのか——。

2018年7月31日発刊
1300円（税別）
ISBN978-4-7782-0436-5

シニアよ、インターネットでつながろう！

牧　壮 著

シニアの私が伝えたいのは、IoS（Internet Seniors）。
ITは怖くありません。
シニアライフを楽しくするツールです。
インターネットを活用して
シニアライフを満喫しましょう！

2018年12月10日
1300円（税別）
ISBN978-4-7782-0444-0